Ski Touren
FÜR JEDE JAHRESZEIT
rund um Innsbruck

Rudolf und Siegrun Weiss

Tyrolia-Verlag · Innsbruck-Wien

Inhalt

Vorwort

Schon wieder ein neuer Skitourenführer? Ja, aber einer, der sich in einigen Punkten vom bisherigen Angebot unterscheidet: Die ausgewählten Touren sind nach Jahreszeiten gegliedert. Das bringt mehr Skivergnügen und in gewissem Sinne auch mehr Sicherheit. Beschrieben wurden kurze Touren nach dem Motto „1000 Höhenmeter im Aufstieg sind genug!“ Viele von ihnen eignen sich daher auch für Kinder; sie sind häufig gute Skifahrer, ermüden aber beim (im Vergleich zum Sommerbergsteigen) anstrengenden und eintönigen Gehen mit Fellen. Aufgenommen wurden nur Tagestouren.

Wir wenden uns an Tourenfreunde, die

- eine Skitour nicht nach der Zahl der Aufstiegsstunden oder der Höhe und Berühmtheit des Gipfels bewerten,
- schöne, mitunter auch steile Abfahrten schätzen,
- gelegentlich auch Kinder mitnehmen wollen und deshalb
- mitunter auch Seilbahnen benützen, um den Aufstieg zu verkürzen und die Abfahrt zu verlängern.

Unseren Lesern wünschen wir viel Skigenuss in stäubendem Pulver und zischendem Firn – und eine gute Heimkehr nach erlebnisreichen Bergtagen!

Innsbruck, im August 2001

Rudolf und Siegrun Weiss

Einführung

Diese Einführung ist nicht als Lehrbuch zu betrachten. Die erforderlichen Kenntnisse für den Tourenskilauf werden vorausgesetzt. Hier werden lediglich die verschiedenen Angaben in unseren Tourenbeschreibungen erläutert.

Jahreszeit

Die Touren sind nicht nach Gebirgsgruppen oder Tälern angeordnet, sondern nach Jahreszeiten: November–Dezember (Spätherbst), Jänner–Februar (Winter), März–April (Frühjahr), Mai–Juni (spätes Frühjahr), Juli (Frühsommer). Diese Gliederung nach Jahreszeiten folgt dem langjährigen Durchschnitt der Wetterbedingungen. In einem ungewöhnlich schneereichen Winter können z. B. manche Touren früher angesetzt werden – und umgekehrt.

Schwierigkeit

Die skitechnischen Schwierigkeiten hängen von der Steilheit des Geländes und vom Spielraum ab, den wir für unsere Schwünge haben. Die Schneeverhältnisse bedingen die Schwierigkeiten in hohem Maße mit. Sie können natürlich nicht berücksichtigt werden.

Im „Normalfall“ verstehen wir unter

- BLAU (leicht) – Hänge weniger als 30° steil
- ROT (mittelschwierig) – Hänge bis zu 35°
- SCHWARZ (schwierig) – Steilhänge über 35°

Engstellen, die den Spielraum für die Schwünge einschränken, können durch ein Bachbett geschaffen werden, durch einen Hohlweg, einen steilen Wald oder eine schmale Rinne. In diesen Fällen wird die Schwierigkeit um eine Stufe „aufgewertet“. Skitouren mit extrem steilen Anstiegen bzw. Abfahrten (über 40°) wurden nicht aufgenommen. Kletter- oder eistechnische Schwierigkeiten kommen selten vor. Sie fließen in die Schwierigkeitsbewertung nicht ein, sondern werden im Text erwähnt.

Im Aufstieg durch die Daunkopfmulde (Tour 23)

Hangrichtung

Aus der Hangrichtung kann man – in Verbindung mit der Jahreszeit, der Höhe von Ausgangspunkt bzw. Ziel und dem aktuellen Wetter (z. B. Morgentemperatur, Tagestemperatur) – recht gut schließen, wo man größeren Skigenuss (oder auch geringere Lawinengefährdung) antreffen wird. Hinweise gibt dazu der jeweilige „Jahreszeiten-Vorspann“ in diesem Buch (Seite 10, 24, 62, 88, 102).

Lawinengefahr

Grundsätzlich: Eine sinnvolle Aussage über die Lawinengefahr auf einer Skitour ist in einem Skiführer unmöglich. Eine an sich lawinensichere Tour kann nach einem starken Schneefall mit Windverfrachtung gefährlich sein, eine lawinenbedrohte Steilrinne im späten Frühjahr und nach einer kalten Nacht sicher. Es gibt weder eine stets „lawinensichere“ noch eine in jedem Falle „lawinengefährdete“ Tour.

Die Angaben über die Lawinengefahr können sich nur auf die Wahrscheinlichkeit von Lawinenabgängen im Laufe eines Winters beziehen.

In diesem Sinne bedeutet unsere Einstufung:

- ◆ kaum gefährdet – dieser Anstieg kann fast an jedem Tag des Tourenwinters begangen werden
- ◆ mitunter gefährdet – für diesen Anstieg sind einigermaßen günstige Verhältnisse erforderlich
- ◆ häufig gefährdet – der Anstieg erfordert besonders günstige Bedingungen

Auskünfte über die allgemeine Lawinensituation in Tirol:

- ◆ Lawinenwarndienst (Tonband) – 0512/1588
- ◆ Lawinenwarndienst (persönliche Beratung) 0512/518839
- ◆ Faxabruf – 0512/581839-81
- ◆ Internet – www.lawine.at
- ◆ WAP – wap.lawine.at

Beachten Sie bitte: Der Lawinenlagebericht ist die wesentliche Grundlage für die Wahl des Zieles und der Route. Er enthebt nicht von der Eigenverantwortung. Über-

Für den harmlosen Wechtengrat genügt eine Reepschnur mit Handschlaufe zur Sicherung des „Leichtgewichts".

schätzen Sie nicht die „Erfahrung". Sie bedeutet oft nur, dass man lange Zeit Glück gehabt hat. Auch der tägliche Anblick z. B. der verschneiten Nordkette ersetzt für uns Einheimische eine Ausbildung in Schnee- und Lawinenkunde nicht. Diese Ausbildung wird von allen Bergsteigerschulen, aber auch von vielen Sektionen alpiner Vereine angeboten. Nützen Sie diese Möglichkeiten, insbesondere wenn Sie Verantwortung (z. B. für Kinder) übernehmen!
In der Lawinenkunde hat sich in den letzten Jahren viel verändert. Wenn Sie Ihre Kenntnisse auffrischen wollen und allgemein am Thema „Lawinen" interessiert sind, greifen Sie nach:
Girardi, Gabl, Lackinger, Lawinenhandbuch (2000, 7. aktualisierte Auflage), Tyrolia-Verlag, Innsbruck.
Als Standardwerk für die Lawinengefahr auf Skitouren gilt Munter, 3x3 Lawinen. Entscheiden in kritischen Situationen (1999), Agentur Pohl & Schellhammer, Garmisch-Partenkirchen.
Wenn Sie an einer anspruchsvollen Weiterführung der „Munter-Theorie" interessiert sind, empfehlen wir Hoffmann, Lawinengefahr. Risiken erkennen – Entscheidungen treffen (2000), BLV, München.
Handfeste Praxis in der angenehmen Form eines Videofilms erhalten Sie bei unseren lokalen Experten Larcher, Purtscheller, Stop or go. Strategische Lawinenkunde für Tourengeher (VHS-Kassette). Verlag ÖAV, Innsbruck.

Landkarten

Für jede Skitour haben wir die genaueste Landkarte angegeben, die für dieses Gebiet zur Verfügung steht. Zumeist handelt es sich um AV-Karten, mitunter um Blätter der Amtlichen Österreichischen Karte (ÖK).
Auf jede Tourenbeschreibung folgt ein Kärtchen mit der sorgfältig eingezeichneten Route (Kartographischer Verlag W. Mayr, Innsbruck). Diese Kärtchen können eine Landkarte nicht ersetzen, reichen aber auf viel begangenen Touren bei gutem Wetter in der Regel aus.

Naturschutz auf Skitouren

Tourenskilauf ist eine umweltfreundliche Sportart. Der nächste Schneefall löscht die Spuren unserer Anwesenheit – Natur nützen ohne sie zu verändern, das ist ein Idealfall, der bei vielen anderen Sportarten gar nicht möglich ist.

Voraussetzung für die Umweltverträglichkeit ist allerdings, dass wir auf Skitouren einige Verhaltensregeln beachten. Wir bitten alle Tourengeher, sich dem Wald und dem Wild gegenüber rücksichtsvoll zu verhalten, um das gute Einvernehmen mit anderen Naturnützern (Waldbesitzern und Jägern) nicht zu gefährden.

Es sollte sich von selbst verstehen, dass wir

- Aufforstungen umfahren, um die jungen Bäumchen nicht mit den Stahlkanten zu gefährden;
- dichten Wald meiden, der dem Wild Einstand bietet;
- in Zweifelsfällen nicht durch Wald abfahren, sondern eine Forststraße benützen.

Piepskontrolle vor dem Abmarsch zur Skitour

November – Dezember

Tourengeher reihen die Monate November und Dezember unter Frühwinter ein, auch wenn wir uns nach dem Kalender noch im Herbst befinden. Wie dem auch sei: Im November, mitunter bereits im Oktober, beginnt die Tourensaison.

Der Schnee ist häufig von erstaunlicher Qualität: lockerer, duftiger Pulver! Mit der Quantität sieht es dagegen schlecht aus. Eine entsprechende „Unterlage“ fehlt. Wir suchen deshalb ein Gelände mit „wiesigem“ Untergrund und finden es z. B. im Obernbergtal. Als zusätzliche Vorsichtsmaßnahme empfiehlt sich die Verwendung älterer Ski, die in unserer Familie „Stein-Ski“ genannt werden.

Übrigens hängt die Lawinengefahr einer Tourensaison nicht unwesentlich von den ersten Schneefällen ab. Günstig sind ergiebige Schneefälle, die auf einen gefrorenen Boden fallen. Wenig Schnee auf warmem Boden bedeutet eine große Temperaturdifferenz zwischen der Oberfläche der Schneedecke und dem Boden. Das führt zur Bildung von Schwimmschnee – einer idealen Gleitschicht für Lawinen! Wenig Schnee bedeutet deshalb nicht geringe Lawinengefahr. Im Gegenteil: Wegen der stärkeren Schwimmschneebildung ist eine dünne Schneedecke gefährlich!

Skivergnügen stellt sich in dieser Zeit eher auf niedrigeren Bergen ein, die höheren Gipfel sind meist abgeblasen. Gletscher sollte man meiden. Die Spalten sind nicht tragfähig überbrückt, sondern nur oberflächlich zugeweht. Ein Vorteil im Frühwinter: Die Lufttemperatur ist niedrig, die Sonne steht tief. Das bedeutet, dass man nach einem Schneefall den Pulverschnee auch auf sonnseitigen Hängen noch nach Tagen genießen kann. Im Oktober sind Skitouren mitunter nur auf Pisten ratsam. Die Pisten wurden „entsteint“ und werden mit großem Kostenaufwand begrünt. Der kostbare Schnee wird mit dem Ratrak verdichtet, mit Schneekanonen wird nachgebessert, sobald es die Temperaturen erlauben. Sind die Lifte bereits in Betrieb (frühestens im November), sind in der Regel bereits Skitouren möglich. Nach Betriebsbeginn haben die Liftbetreiber und ihre Gäste mit „Pistengehern“ wenig Freude.

Die ersten Bauernwiesen über Obernberg beim Start zum Kastnerberg, einem für den Frühwinter geeigneten Skiziel. Das Bild wurde im November aufgenommen (Tour 1).

November – Dezember

Kastnerberg, 2209 m

Lichter Wald und hindernisloses Almgelände

Aufstieg: 2½ Std.
Höhenunterschied: ↑↓ 850 m
Kindereignung: ab 9 Jahren
Hangrichtung: Südost
Lawinengefährdung: kaum lawinengefährdet
Talort: Obernberg, 1394 m
Auskünfte: Tourismusverband A-6156 Obernberg am Brenner, Tel. +43/5274/87532, Fax 874624; E-Mail: tourismus@wippregio.at
Landkarte: AV-Karte 31/3 (Brennergebiet, mit Skirouten)
Ausgangspunkt: Gasthof Spörr (Ortseingang von Obernberg, an der linken Straßenseite)
Anfahrt: Innsbruck – Brenner-Autobahn bis Ausfahrt „Matrei-Steinach“. Weiter nach Gries am Brenner und durch das Obernbergtal nach Obernberg. Oder: Bus (Linie 4145, Haltestelle unmittelbar beim Gasthof) von Steinach (Bahnstation).

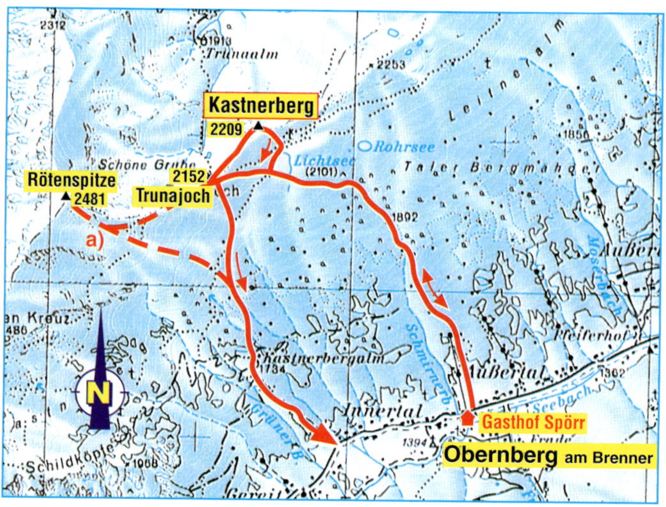

Bauernwiesen am Beginn des Anstiegs, lichter Wald mit schönen Schneisen, darüber hindernisloses Waldgelände – der Kastnerberg ist eine ideale Skitour für den Frühwinter!

Im Aufstieg zum Kastnerberg. Kurz vor dem Gipfel. Im Hintergrund die Tribulaune.

Aufstieg

Über schöne mittelsteile Wiesen steigt man zum lichten Wald auf, durchquert ihn und erreicht den kleinen Lichtsee (2101 m). Der Kastnerberg, eine hübsche Kuppe (in der Karte weder kotiert noch bezeichnet), liegt nun unmittelbar vor uns. Wir erreichen den Gipfel am besten von links über das Trunajoch (2152 m).

Abfahrt

Auf dem Anstiegswege. Oder: Vom Trunajoch über die Kastnerbergalm (1734 m) ins Obernbergtal, das man etwa 800 Meter westlich des Gasthofs Spörr erreicht.

Variante

● a) Rötenspitze (2481 m). Mitunter lawinengefährdet. 3½ Std. Häufig abgeblasen, meist erst im Hochwinter empfehlenswert.

Eindrucksvoller Blick zum Habicht vom Anstieg zum Leitnerberg

November – Dezember

Leitnerberg, 2309 m

Sonnseitig – wohltuend im Frühwinter!

Aufstieg: 3 Std.
Höhenunterschied: ↑↓ 1000 m
Kindereignung: ab 10 Jahren
Hangrichtung: Südost
Lawinengefährdung: kaum lawinengefährdet
Talort: Obernberg, 1394 m
Auskünfte: Tourismusverband A-6156 Obernberg am Brenner, Tel. +43/5274/87532, Fax 874624;
E-Mail: tourismus@wippregio.at
Landkarte: AV-Karte 31/3 (Brennergebiet, mit Skirouten)
Ausgangspunkt: Gasthof Tribulaunblick, 1340 m
Anfahrt: Brenner-Autobahn zur Ausfahrt „Matrei-Steinach“. Nach Gries, durch das Obernbergtal nach Vinaders und noch 2 km zum Gasthof Tribulaunblick. Oder: Bahn nach Steinach, Bus (Linie 4145) zum Gasthof Tribulaunblick (Haltestelle).

Aufstieg

Nach der Überquerung des Seebaches über Wiesen und durch einen lichten Waldgürtel in freies Almgelände. Nach der Waldgrenze prächtiger Blick in die Zillertaler Alpen, besonders eindrucksvoll zum Olperer und zu seinen Nachbarn. Man erreicht eine Einsattelung (Eggerjoch,

Der „wiesige Untergrund“ macht die herrliche Südostflanke, die sich vom Nösslachjoch zur Rötenspitze zieht, bereits nach den ersten stärkeren Schneefällen gut befahrbar. Die sonnseitige Lage schätzt man im Frühwinter besonders. Bei vernünftiger Spurwahl ist die Route kaum lawinengefährdet. Für Kinder sind 1000 Höhenmeter ganz schön viel. Am Beginn der Saison sind sie aber, wenn die Lifte noch nicht in Betrieb sind, meist gut motiviert.

2132 m) zwischen Eggerberg (2280 m) und Leitnerberg. Über den Ostrücken ist man in einer knappen halben Stunde später am Ziel.

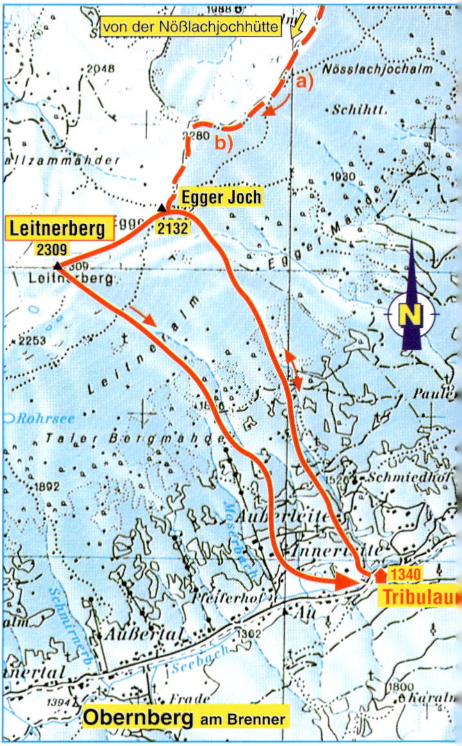

Abfahrt
Wie Aufstieg. Oder: Unmittelbar vom Leitnerberg westlich der Aufstiegsroute. In einer Höhe von 1400 m hält man sich zunehmend links und erreicht dadurch die Brücke unterhalb des Gasthofs Tribulaunblick.

Variante

- a) Leitnerberg von der Nösslachjochhütte. Mit den Steinacher Bergbahnen zur Nösslachjochhütte (2022 m), zusätzlich Hochsonnlift. Gemütliche Kammwanderung (1 Std.) mit einer längeren Zwischenabfahrt. Kaum lawinengefährdet. Rückkehr zum Liftgebiet mit dem Skibus, der Obernberg mit den Liftorten Gries und Steinach am Brenner verbindet. Ab 8 Jahren. Ohne Routeneinzeichnung!
- b) Eggerberg (2280 m). Von der Bergstation des Hochsonnlifts ½ Std. Ab 6 Jahren. Ohne Routeneinzeichnung!

Der Lawinenlagebericht muss die Grundlage für die Wahl des Tourenziels sein!

November – Dezember

Allerleigrubenspitze, 2131 m

Ungemütlich nur bei Föhn

Aufstieg: 2½ Std.
Höhenunterschied: ↑↓ 700 m
Kindereignung: ab 8 Jahren
Hangrichtung: West
Lawinengefährdung: mitunter lawinengefährdet
Talort: Obernberg, 1394 m
Auskünfte: Tourismusverband A-6156 Obernberg am Brenner, Tel. +43/5274/87532, Fax 874624; E-Mail: tourismus@wippregio.at
Landkarte: AV-Karte 31/3 (Brennergebiet, mit Skirouten)
Ausgangspunkt: Gasthof Waldesruh, 1439 m
Anfahrt: Brenner-Autobahn – Ausfahrt „Nösslach". Durch das Obernbergtal zum Gasthof Waldesruh. Großer Parkplatz (gebührenpflichtig). Oder: Bahn nach Steinach, Bus (Linie 4145) zum Gasthof Waldesruh (Haltestelle).

Der beliebteste Gipfel in diesem Bereich ist der Grubenkopf, der schönere Skigipfel unsere Allerleigrubenspitze. Der Zustieg ist kürzer und die Hänge sind zum Teil gehörig steil. Dennoch ist der Aufstieg bei vernünftiger Spurwahl kaum lawinengefährdet. Den Gipfel erreicht man mit Skiern, außer der Föhn hat gewütet und den Kamm abgeblasen.

Aufstieg

Auf dem Fahrweg kurz durch den Wald. Man verlässt ihn, sobald er freies Gelände erreicht. Über Wiesen zur Oberreinsalm und zum See (1590 m). Erst den See entlang, dann nach links durch Wald. Wir erreichen freies Gelände und zweigen wenig später von der Spur zum Grubenkopf nach links ab. Richtung Ost über eine Steilstufe. Weiter durch gut gegliedertes Gelände, zuletzt wieder etwas steiler in eine Einsattelung südlich der Allerleigrubenspitze. Bei günstigen Bedingungen mit Skiern, sonst zu Fuß auf den Gipfel. Sehr schöne Aussicht, vor allem eindrucksvoller Blick zum nahen Olperer und zu den Tribulaunen!

Abfahrt
Wie Aufstieg. Oder (nur bei guter Schneelage!) über den Rücken, dann durch Wald und über Lichtungen unmittelbar zur Fahrstraße, die man bei der Brücke unterhalb der Unterreinsalm (1486 m) erreicht.

Varianten

- a) Grubenkopf (2337 m). Kaum lawinengefährdet. 3 Std. Ab 10 Jahren. Skiläuferisch weniger schön (langer Anmarsch). Ohne Routeneinzeichnung!

- b) Rosslauf-Südgipfel (2378 m). Mitunter lawinengefährdet. 3 Std. Ab 10 Jahren. Wenig besucht, geeignetes Ausweichziel bei übermäßigem Andrang zum Grubenkopf. Ohne Routeneinzeichnung!

Rückblick zum Obernberger Tribulaun am Beginn des Aufstiegs

November – Dezember

Vennspitze, 2390 m

Beliebte Skitour – von November bis April

Aufstieg: 2½ Std.
Höhenunterschied: ↑↓ 850 m
Kindereignung: ab 10 Jahren
Hangrichtung: Nordwest
Lawinengefährdung: mitunter lawinengefährdet
Talort: St. Jodok am Brenner, 1129 m
Auskünfte: Tourismusverband A-6154 St. Jodok am Brenner, Tel. +43/5279/5204, Fax 20014;
E-Mail: tourismus@wippregio.at
Landkarte: AV-Karte 31/3 (Brennergebiet, mit Skirouten)
Ausgangspunkt: Gasthof Steckholzer, 1570 m
Anfahrt: Brenner-Autobahn – Ausfahrt Matrei-Steinach. Auf der Bundesstraße weiter, dann ab nach St. Jodok, nach re. ins Valser Tal und neuerlich re. (Hinweistafel) zum Gasthof Steckholzer (Parkplatz oberhalb).

Die Vennspitze ist ein wunderschöner Skigipfel, lohnend vom Frühwinter bis zum Frühjahr. Für Kinder ist der Aufstieg eine ganz ordentliche Leistung, die natürlich eine entsprechende Belohnung bei der Einkehr im Gasthof Steckholzer erfordert.

Aufstieg

Unmittelbar vom Parkplatz durch lichten Wald oder 100 m weiter Richtung Padauner Sattel über freies Gelände in eine große Mulde. Zunächst in Richtung Gipfel, dann scharf nach rechts ausholend zum Westrücken der Vennspitze. Über diesen Rücken, wenn er nicht zu arg abgeblasen ist, mit Skiern zum Gipfelkreuz.

Abfahrt

Vom Gipfel über die schöne, leider oft verblasene oder windgepresste Westflanke unmittelbar in die erwähnte

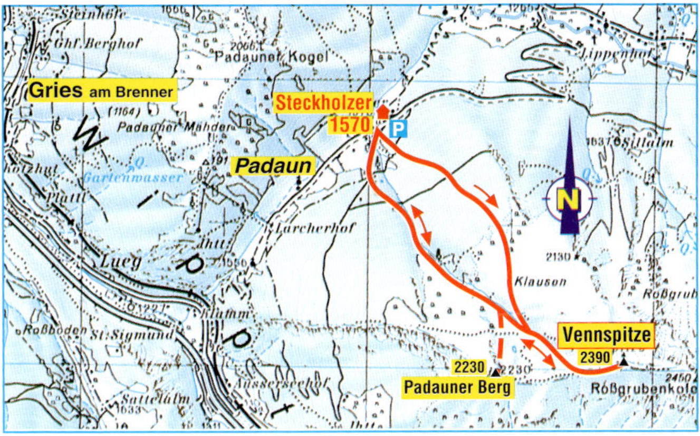

Mulde und wie auf dem Anstiegsweg zum Gasthof Steckholzer. Gipfelflanke steil, ansonsten gemütlich, auch für schwächere Skifahrer geeignet.

Variante

a) Padauner Berg (2230 m). 2 Std. Mitunter lawinengefährdet. Ab 8 Jahren.

Über den Gratrücken geht es zum Gipfel.

November – Dezember

Wankspitze, 2209 m

Skigenuss hoch über dem Inntal

Aufstieg: 2 Std.
Höhenunterschied: ↑ 700, ↓ 1100 m
Kindereignung: ab 8 Jahren
Hangrichtung: West, Südwest, Südost
Lawinengefährdung: mitunter lawinengefährdet
Talort: Obsteig, 1000 m
Auskünfte: Tourismusverband A-6416 Obsteig, Tel. +43/5264/8106, Fax 8230; E-Mail: info@obsteig.at
Landkarte: AV-Karte 4/2 (Wetterstein- und Mieminger Gebirge, mittleres Blatt, Wegmarkierung)
Ausgangspunkt: Gasthof „Arzkasten", 1151 m bzw. Lehnberghaus, 1554 m
Anfahrt: Inntal-Autobahn – Ausfahrt „Mötz". Nach Obsteig auf dem Mieminger Plateau und 1 km Richtung Holzleitensattel. Nach rechts zum Gasthof „Arzkasten". Parkplatz (gebührenpflichtig). Zum Lehnberghaus weiter mit Taxi Förg in Silz (Tel. +43/5263/1718) oder Anfrage beim Hüttenwirt (Tel. +43/676/5344791). Zu Fuß 1¼ Std.

Die Wankspitze ist gegen das Inntal vorgeschoben und daher besonders aussichtsreich. Der weitgehend „wiesige" Untergrund schafft oft bereits im November brauchbare Schneeverhältnisse. Insbesondere mit Kindern lässt man sich mit dem Taxibus zum Lehnberghaus bringen.

Aufstieg

Vom Lehnberghaus Richtung West in eine Einsattelung (1704 m). Abblick ins Inntal. Über den Südwestrücken geht es zuerst sanft, dann ziemlich steil durch eine Rinne in die Höhe. Oft ist es günstiger, statt in der Rinne aufzusteigen, nach links in den Hang zu queren, weil dann

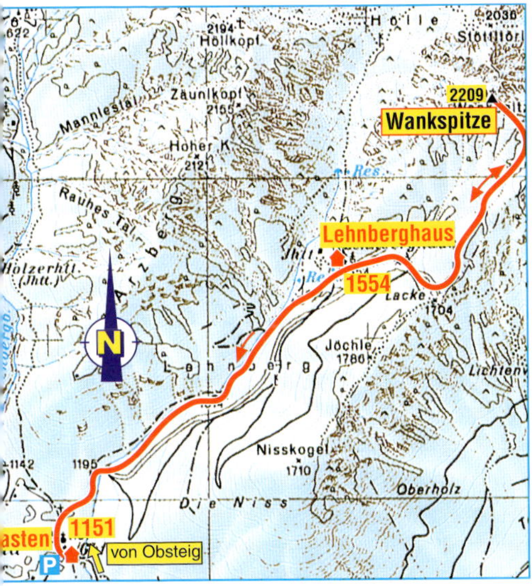

größere Schläge möglich bzw. weniger Kehren notwendig sind. Zuletzt erreicht man über den Südostrücken das Gipfelkreuz.

Abfahrt

Bis zum Lehnberghaus folgt die Abfahrt dem Anstiegsweg. Dann vom Fahrweg nach rechts zur Skiabfahrt (meist pistenähnlich).

Blick von der Wankspitze ins (ziemlich apere) Inntal

Jänner – Februar

Im Jänner kann man eine ausreichende Schneedecke erwarten und auf die „besseren“ Tourenski umstellen, vielleicht sogar auf die ganz neuen, die man zu Weihnachten geschenkt bekommen hat. Auf hohe Berge verzichtet man besser noch. Der Reiz dieses Monats liegt im Pulverschnee, im Stäuben des Schnees bis zum Gesicht, vielleicht nach einem Aufstieg durch einen tief verschneiten Wald. Oberhalb geschützter Mulden und Kare ist der Schnee häufig windgepresst und die Kämme sind abgeblasen. Die Sonneneinstrahlung wird allmählich wirksam, mit der Folge, dass sich südseitig häufig eine unangenehme Kruste bildet. Gletscher sollte man nach wie vor meiden. Spalten sind zwar zugeweht und schlechter erkennbar, die Brücken aber nicht tragfähig. Sie können unter dem Gewicht des Skifahrers einsacken.

Auch im Februar herrscht Pulverschnee vor. Ergiebige Schneefälle sind häufig, sodass zunehmend auch die Quantität des Schnees stimmt. Kämme und Grate können meist gut befahren werden. Schattseitig ist der Schnee in ausgesetzten Lagen zwar häufig windgepresst, aber tragfähig. Mitunter zeichnen sich im windgepressten Schnee gekräuselte Flächen ab, die man zum Schwung benützen sollte – hier findet sich oft „gesetzter Pulver“. Ist die Schneedecke gut aufgebaut, d. h. fehlen allzu weiche Schichten (eingeschneiter Oberflächenreif) oder allzu harte Schichten (z. B. Eislamellen), kann man auch sehr steile Hänge befahren. Vorsicht ist in jedem Falle in Kammnähe angeraten, wo sich häufig durch Windeinfluss störanfällige Schneebretter bilden (vor allem in vom Wind abgekehrten Hängen, den „Leehängen“). Ein Wermutstropfen: Wenn sich am Beginn der Saison Schwimmschneeschichten gebildet haben, bleiben sie gefährlich! – Vor allem in der zweiten Monatshälfte finden wir bereits Firn (lawinenkundlich richtiger: Sulzschnee): sonnseitig, an steilen Hängen und in nicht allzu großer Höhe. Der Firndeckel ist allerdings noch dünn. Man muss den Zeitpunkt genau erwischen. Fährt man zu früh ab, ist es bockhart, kommt man zu spät, bricht man ein.

Hochsaison für Abfahrten im Pulverschnee

Jänner – Februar

Arzler Scharte, 2158 m

Skitour im Stadtgebiet von Innsbruck!

Aufstieg: 2 Std.
Höhenunterschied: ↑ 500, ↓ 1850 m
Kindereignung: nein
Hangrichtung: ↑ West, ↓ Nord, Süd
Lawinengefährdung: häufig lawinengefährdet
Talort: Innsbruck, 577 m
Auskünfte: Tirol Info, A-6010 Innsbruck, Tel. 0512/7272, Fax 72727; E-Mail: tirol.info@tirolwerbung.at
Landkarte: AV-Karte 5/2 (Karwendelgebirge, mittleres Blatt)
Ausgangspunkt: Innsbruck-Hungerburg (868 m)
Anfahrt: Vom Stadtzentrum auf kurvenreicher Bergstraße zur Hungerburg. Hierher auch mit dem Bus (Linie J, Igls-Hungerburg) oder der Hungerburgbahn (Standseilbahn, Talstation Rennweg, bei der Mühlauer Brücke).

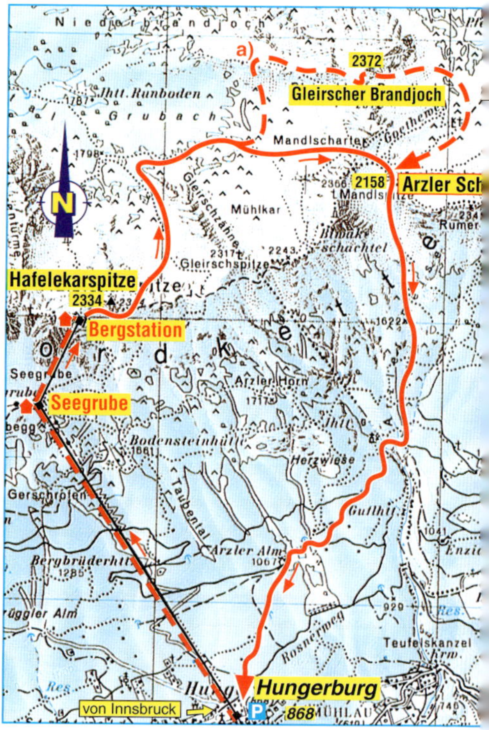

Rundtour

Von der Hungerburg mit der Nordkettenbahn in zwei Teilstrecken zum Hafelekar (2269 Meter). Zu Fuß

Im Gleirschtal. Urweltliche Landschaft gleich hinter der Nordkette!

kurz über den Grat zur Einfahrt in das Gleirschkar. Großartige Abfahrt bis in eine Höhe von 1800 m. Achtung: Die Abfahrt ist am Beginn steil und felsdurchsetzt. Hier haben sich schon mehrere schwere Unfälle ereignet. Für Kinder ist unsere Rundtour daher nur geeignet, wenn sie sehr sicher und verlässlich Ski fahren können! Das gilt natürlich auch für Erwachsene …
Anfellen und durch das urtümliche Kar zur Mandlscharte (2277 m) aufsteigen. Man kann es kaum glauben, dass man sich ganz nahe beim wirbeligen Inntal befindet. Neu-

Großstädte, d. h. Orte mit mehr als 100.000 Einwohnern, gibt es viele. Großstädte mit einer Skitour im Stadtgebiet vermutlich nur eine: Innsbruck. Die Rundtour beginnt mit einer schattseitigen Abfahrt ins Gleirschkar, die sich nach einem kurzen Aufstieg zur Arzler Scharte sonnseitig fortsetzt. Bei der Bergstation „Hafelekar" und der Arzler Scharte hat man eine großartige Aussicht und überblickt fast alle hier beschriebenen Skizlele. Beeindruckend ist auch der Blick ins Inntal und auf die Stadt Innsbruck.

erlich eine Abfahrt, kurz und steil, in die flachen Böden der Pfeis. Mit Fellen hinauf zur Arzler Scharte.
Die Hauptabfahrt führt – nie übermäßig steil – durch ein südseitiges Kar. Ein Hochgenuss bei Firn! Den erwischt man am ehesten in der zweiten Februarhälfte. Im März ist die anschließende Querung über die Arzler Alm (1067 m) zur Hungerburg, der einzige Schönheitsfehler dieser Rundtour, häufig bereits aper. Die Querung führt in einigem Auf und Ab in einer knappen Stunde zur Hungerburg zurück.

Variante

● a) Gleirscher Brandjoch (2372 m). Häufig lawinengefährdet. 2½ Std.

Kurz vor dem Ziel. Rückblick zum Steinjoch, im Hintergrund Olperer

Jänner – Februar

Fradersteller, 2247 m

Abfahrtsgenuss nach Höhenwanderung

Aufstieg: 2 Std.
Höhenunterschied: ↑ 400, ↓ insgesamt 1300 m
Kindereignung: ab 8 Jahren
Hangrichtung: ↑ Nordost, Ost, ↓ Nordwest
Lawinengefährdung: mitunter lawinengefährdet
Talort: Gries am Brenner, 1160 m
Auskünfte: Tourismusverband A-6156 Gries am Brenner, Tel. und Fax +43/5274/87254
Landkarte: AV-Karte 31/3 (Brennergebiet, mit Skirouten)
Ausgangspunkt: Talstation der Sattelbergbahn
Anfahrt: Brenner-Autobahn bis Ausfahrt „Matrei-Steinach". Bundesstraße nach Gries a. Br. Vor 9 Uhr noch Parkmöglichkeit bei der Seilbahn, sonst zum „Parkplatz Sattelberglift". Oder: Bahn nach Steinach, Bus (Linie 4145) zur Talstation.

Natürlich kann man den Gipfel auch ohne Seilbahnhilfe erreichen. Der Aufstieg ist nicht lang (3 Std.), aber bis zur Frader Alm (1621 m) etwas eintönig. Genussreicher wandert man vom Sattelberg aussichtsreich über den Grenzkamm zum Fradersteller. Zumindest wenn man mit Kindern unterwegs ist, ist diese Variante vorzuziehen.

Aufstieg

Mit dem Sessellift zur Sattelalm (1633 m) und dem Schlepplift zur Bergstation (2060 m). Noch nicht anfellen, sondern die Skier zum Gipfelkreuz des Sattelbergs (2115 m) tragen. Man fährt nun in eine Einsattelung (2024 m) ab. Weiter zu einer Hütte unterhalb des Steinjochs (2180 m). Diesen Gipfel erreichen wir bereits mit Fellen. Nun über den Kamm zum Kreuzjoch (2242 m). Bei sehr sicherer

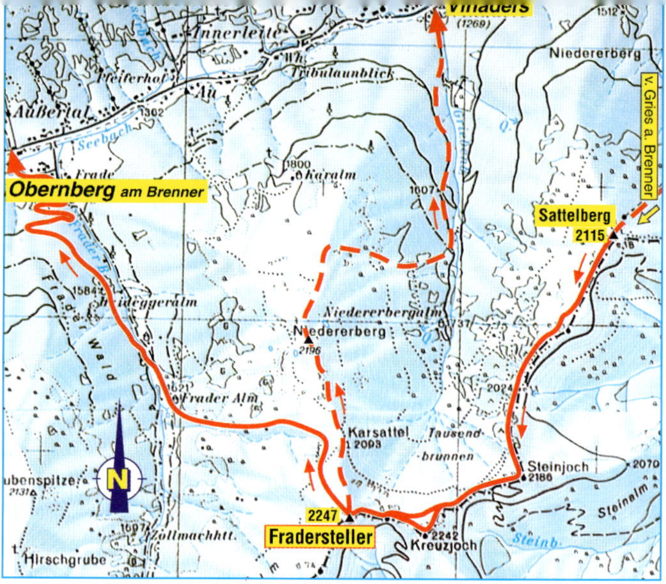

Schneelage kann man sich in beiden Fällen den Gipfel ersparen (wer will das schon?) und in der schattseitigen Flanke queren. Zuletzt geht es über einen Ostrücken zum Fradersteller (2247 m).

Abfahrt

Unsere Hauptabfahrt nach Obernberg (900 Hm) führt zunächst Richtung Nordwest zu den Frader Mähdern (bereits rechts von der Bachschlucht). Durch schütteren Wald und über Lichtungen zur Frader Alm (1621 m). Hier beginnt ein Fahrweg, der (mit einer kurzen Ausnahme) in ausreichender Steilheit zu den Wiesen oberhalb des Dorfes führt. Über diese Wiesen erreichen wir eine Brücke – in unmittelbarer Nähe des Gasthofs Spörr und der Bushaltestelle. Mit dem Skibus (Liftkarte gilt als Fahrschein) zurück zur Talstation der Sattelbergbahnen.

Variante

a) Niederer Berg (2196 m). Vom Fradersteller nach Zwischenabfahrt in den Karsattel. Abfahrt nach Vinaders. ½ Std. länger. Kaum lawinengefährdet. Ab 8 Jahren.

Jänner – Februar

Ultenspitze, 2179 m

Skigipfel zwischen Schmirntal und Valser Tal

Aufstieg: 2½ Std.
Höhenunterschied: ↑↓ 800 m
Kindereignung: ab 8 Jahren
Hangrichtung: Nord, Nordwest
Lawinengefährdung: kaum lawinengefährdet
Talort: St. Jodok am Brenner, 1129 m
Auskünfte: Tourismusverband A-6154 St. Jodok am Brenner, Tel. +43/5279/5204, Fax 20014; E-Mail: tourismus@wippregio.at
Landkarte: AV-Karte 31/3 (Brennergebiet, mit Skirouten)
Ausgangspunkt: Lorleswald im Schmirntal, 1380 m
Anfahrt: Brenner-Autobahn – Ausfahrt „Matrei-Steinach“. Auf der Bundesstraße, dann links abzweigen nach St. Jodok. Bei der Straßenverzweigung links ins Schmirntal und bis zur Bushaltestelle „Lorleswald“. Oder: Mit der Bahn nach Steinach, mit dem Bus (Linie 4144) zur Haltestelle „Lorleswald“.

Der Bergkamm, der das Schmirntal vom Valser Tal trennt, ist für den Tourenskifahrer sehr ergiebig. Der vorgeschobenste Gipfel ist die Leitenspitze (2078 m), dann folgt die Ultenspitze. Oberhalb der Waldgrenze sind herrliche Hänge!

Aufstieg

Auf einem Forstweg durch lichten, durchaus skifreundlichen Wald in freies Almgelände. Zur Ultenspitze hält man sich links und erreicht zunächst den Westrücken und wenig später das Gipfelkreuz.

Abfahrt

Wie Aufstieg. Bei guter Schneelage im unteren Teil durch

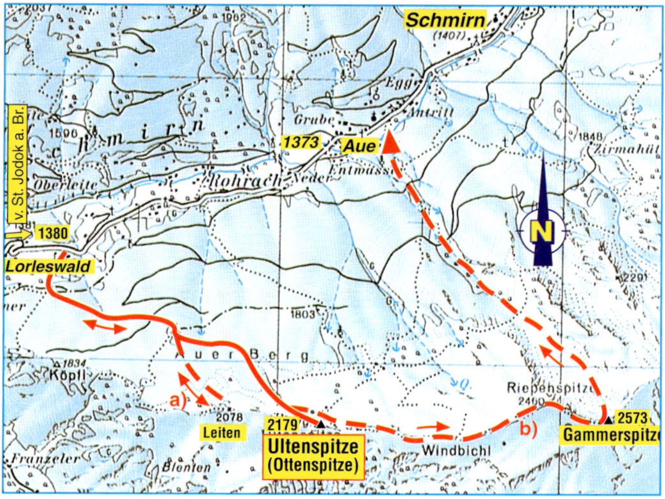

den Wald, sonst besser wie im Aufstieg auf der Forststraße bleiben.

Variante

- a) Leiten (2078 m). Etwas kürzer. Kaum lawinengefährdet. Ab 8 Jahren.
- b) Gammerspitze (2573 m) im Übergang von der Ultenspitze. Abfahrt durch eine herrliche N-Mulde. 1½ Std. länger. Häufig lawinengefährdet.

Jänner – Februar

Hoher Napf, 2247 m

Mini-Skigipfel mit anspruchsvoller Abfahrt

Aufstieg: 3 Std.
Höhenunterschied: ↑↓ 850 m
Kindereignung: ab 10 Jahren
Hangrichtung: Nordwest
Lawinengefährdung: mitunter lawinengefährdet
Talort: St. Jodok am Brenner, 1129 m
Auskünfte: Tourismusverband A-6154 St. Jodok am Brenner, Tel. +43/5279/5204, Fax 20014; E-Mail: tourismus@wippregio.at
Landkarte: AV-Karte 31/5 (Innsbruck Umgebung, mit Skirouten)
Ausgangspunkt: Weiler Schmirn, 1407 m
Anfahrt: Brenner-Autobahn – Ausfahrt „Matrei-Steinach“. Bundesstraße, dann links nach St. Jodok. Bei der Straßenverzweigung links ins Schmirntal und zum Weiler Schmirn. Bus (Linie 4144) bis Haltestelle „Schmirn“.

◁ *Die Almhütten unter dem Gipfelaufbau der Ultenspitze liegen noch im tiefen Schatten, die Bergspitzen bereits in der Sonne.*

Abblick vom Hohen Napf ins Wildlahnertal. Darüber Kaserer, Olperer und Fußstein

Die Tour auf den Hohen Napf lässt sich zu einer hübschen Rundfahrt erweitern: Aufstieg über den Ortsteil „Siedlung“ und die kleine Wallfahrtskirche „Kalte Herberge“, Abfahrt steiler durch ein Bachtal.

Aufstieg

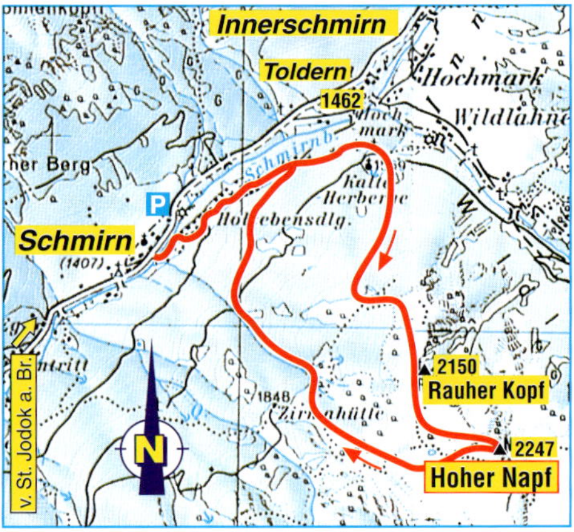

Kurz talein, rechts über eine Brücke und zur „Kalten Herberge“, einer Kapelle auf einer Lichtung. Durch lichten Wald steil zur Waldgrenze, dann gemütlich durch schönes Skigelände in eine Mulde rechts vom Rauen Kopf. Richtung Südost einschwenken und in eine auffallend flache Mulde. Zuletzt ziemlich steil zu einem schmalen Rücken, der zum Gipfel führt. Die letzten Meter zu Fuß.

Abfahrt

Zunächst in Richtung Südwest, dann scharf nach rechts einbiegen. Über schöne Hänge erreicht man die Waldgrenze und ein Bachtal, das man bis in eine Höhe von 1600 m verfolgt. Hier nach rechts und auf einem Weg zurück zur Fahrstraße und zum Ausgangspunkt.

Variante

● a) Rauer Kopf (2150 m). Etwas kürzer. Mitunter lawinengefährdet. Ab 10 Jahren.

Lawinenwarndienst (Tonband)
+43/512/15 88

Jänner – Februar

Hohe Warte, 2398 m

Skigenuss im Pulverschnee

Aufstieg: 3½ Std.
Höhenunterschied: ↑↓ 1050 m
Kindereignung: nein
Hangrichtung: Nordwest
Lawinengefährdung: mitunter lawinengefährdet
Talort: Navis, 1340 m
Auskünfte: Tourismusverband A-6143 Navis, Tel. +43/5272/6270, Fax 2110; E-Mail: tourismus@wippregio.at
Landkarte: AV-Karte 31/5 (Innsbruck Umgebung)
Ausgangspunkt: Parkplatz bei der Kirche
Anfahrt: Brenner-Autobahn – Ausfahrt „Matrei-Steinach". Bergstraße nach Navis. Oder: Mit Bahn und Bus (Linie 8365) nach Navis.

Im unteren Teil zieht sich der Aufstieg. Nach der Waldgrenze wird die Hohe Warte zur Genusstour mit herrlichen Skimulden und einem etwas steilen Gipfelhang.

Aufstieg
Auf einem Fahrweg durch das Weirichtal und über einen schönen Hang in Richtung Blasigler Alm (1716 m). Nun quert man auf einem Weg um den Bergrücken. Auf einer Kuppe sieht man bereits die Möslalm (2040 m, auch Kupferbergalm). Schon vor der Alm rechts halten. Durch schöne Mulden zur Einsattelung zwischen der Hohen Warte und P. 2422 (wird oft mit ihr verwechselt). Von der Einsattelung nach links zum Gipfel. Auch eine Überschreitung ist möglich: steiler und heikler zu einer Einsattelung in dem Kamm, der von der Hohen Warte zum Kreuzjöchl zieht, und über diesen Kamm zur Hohen Warte.

Abfahrt: wie Aufstieg.

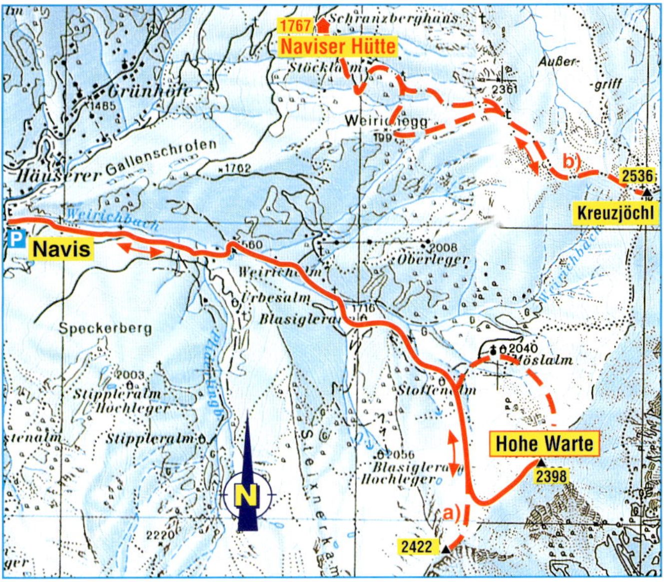

Variante

- a) P. 2422. 3½ Std.
- b) Naviser Kreuzjöchl (2536 m). Nach Nächtigung in der Naviser Hütte 2½ Std. Ab 10 Jahren. Mitunter lawinengefährdet. Naviser Hütte, ÖAV (1767 m): Geöffnet Dezember bis Ende März. 76 Schlafplätze. Anschrift: A-6143 Navis, Tel. 05278/6209.

Tourengruppe bei der Möslalm (Kupferbergalm)

Jänner – Februar

Blaser, 2241 m

Harmlose Kuppe mit prachtvoller Aussicht

Aufstieg: 3 Std.
Höhenunterschied: ↑↓ 1000 m
Kindereignung: ab 10 Jahren
Hangrichtung: Süd, Südost
Lawinengefährdung: kaum lawinengefährdet
Talort: Trins, 1214 m
Auskünfte: Tourismusverband A-6152 Trins, Tel. +43/5275/5337, Fax 5472; E-Mail: tourismus@wippregio.at
Landkarte: AV-Karte 31/5 (Innsbruck Umgebung, mit Skirouten)
Ausgangspunkt: Ortsteil Leiten. Eingeschränkte Parkmöglichkeit am Ende einer ausgeprägten steilen Mulde (etwa 1280 m)
Anfahrt: Brenner-Autobahn – Ausfahrt „Matrei-Steinach", Bundesstraße nach Steinach, dann ins Gschnitztal und nach Trins. Oder: Mit Bahn und Bus (Linie 4146) nach Trins. Nach Leiten zu Fuß 10 Minuten.

Gemütlich wie der Gipfel ist auch der Aufstieg – erst eine bequeme Forststraße, dann schönes, nie besonders steiles Almgelände bis zum Gipfel. Durch die gegen das Wipptal vorgeschobene Lage haben wir trotz der geringen Höhe eine prachtvolle Aussicht. Diese Lage kann bei Föhn zum Nachteil werden. Da „bläst" es nämlich auf dem Blaser ganz gewaltig.

Aufstieg

Durch die erwähnte Mulde kurz aufsteigen, bis man auf den breiten Weg stößt, den man zur Durchquerung des steilen und dichten Waldes benützt. Allmählich wird der Wald lichter und nach der Waldgrenze haben wir bis zum

Gipfel nur mehr schönes Almgelände vor uns. Etwas unterhalb des Gipfels liegt die nur im Sommer bewirtschaftete Blaserhütte (2180 m).

Abfahrt: wie Aufstieg.

Variante

a) Peilspitze (2392 m). ½ Std. länger. Mitunter lawinengefährdet.

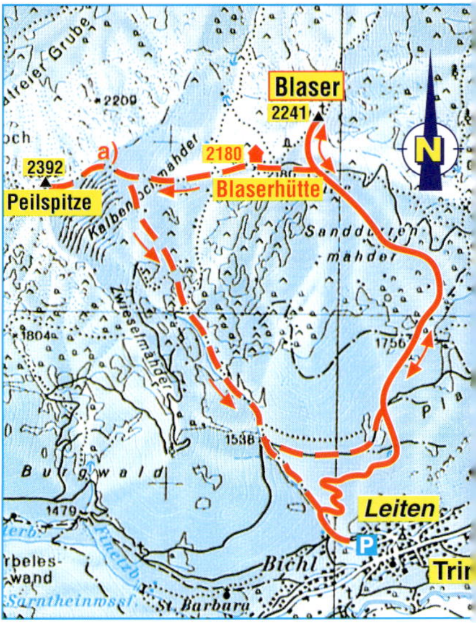

Im Anstieg zum Blaser, bereits oberhalb der Waldgrenze. Abblick ins Gschnitzta

Jänner – Februar

Wetterkreuzkogel, 2591 m

Beliebte Genusstour mit „Ötztalblick"

Aufstieg: 3 Std.
Höhenunterschied: ↑↓ 850 m
Kindereignung: ab 10 Jahren
Hangrichtung: Südost, Nordost
Lawinengefährdung: mitunter lawinengefährdet
Talort: Kühtai, 2017 m
Auskünfte: Tourismusverband A-6183 Kühtai, Tel. +43/5239/5222, Fax 5255; E-Mail: info@kuehtai.co.at
Landkarte: AV-Karte 31/2 (Stubaier Alpen, Sellrain, mit Skirouten)
Ausgangspunkt: Straßenbrücke bei der „Alten Klause", 1743 m
Anfahrt: Inntal-Autobahn zur Ausfahrt „Sellrain". Durch das Sellraintal nach Kühtai. Etwa 5 km in Richtung Ötztal zur Straßenbrücke (Parkmöglichkeit vor und nach der Brücke).

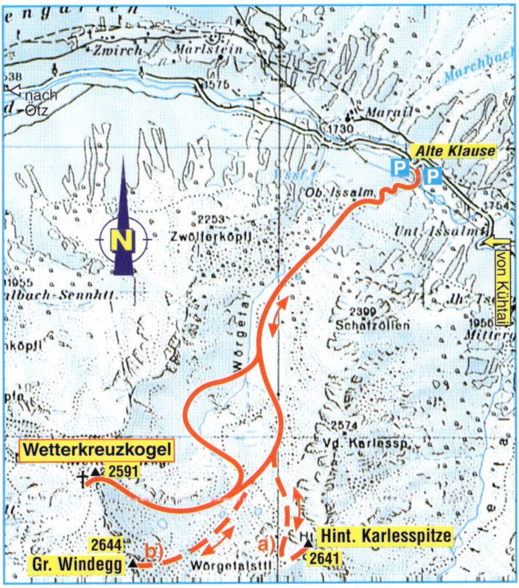

Aufstieg

Nach den Markierungen des Sommerweges durch den Wald zur Oberen Issalm (verfallen). Gemütlich durch das sanft ansteigende Wörgetal zu einem sperrenden Riegel. Diese Steilstufe kann man rechts (meist günsti-

Das Wetterkreuz steht an einer aus dem Ötztal gut sichtbaren Stelle. Etwas höher ist der Wetterkreuzkogel (2591 m). Die Tour ist auch für weniger geübte Tourenskifahrer geeignet: Großteils freie Hänge, im letzten Teil pistenähnlich durch den Wald.

ger) oder links ausholend überwinden. Vom Wetterkreuz zieht eine felsige Stufe nach Osten. Links von dieser Stufe über schönes Skigelände zu einem Hochplateau. Das mächtige Kreuz ist auf einem kleinen Gupf deutlich zu sehen, etwas nördlich der Wetterkreuzkogel.

Abfahrt: wie Aufstieg.

Variante

● a) Hintere Karlesspitze (2641 m). 3 Std. Häufig lawinengefährdet.

● b) Großes Windegg (2644 m). 3 Std. Häufig lawinengefährdet.

Die letzten Schritte zum Wetterkreuz

Jänner – Februar

Schafzoll, 2399 m

Skigenuss auf idealen Osthängen

Aufstieg: 2 Std.
Höhenunterschied: ↑↓ 550 m
Kindereignung: ab 8 Jahren
Hangrichtung: Nordost, Ost
Lawinengefährdung: mitunter lawinengefährdet
Talort: Kühtai, 2017 m
Auskünfte: Tourismusverband A-6183 Kühtai, Tel. +43/5239/5222, Fax 5255; E-Mail: info@kuehtai.co.at
Landkarte: AV-Karte 31/2 (Stubaier Alpen, Sellrain, mit Skirouten)
Ausgangspunkt: Speicher Längental, 1900 m
Anfahrt: Inntal-Autobahn – Ausfahrt „Sellrain". Durch das Sellraintal nach Kühtai. Von der Passhöhe etwa 2 km in Richtung Ötztal zum Speicher Längental. Parkplatz an der linken Straßenseite. Oder: Mit dem Bus (Linie 4166) bis zur Haltestelle „Kühtai-Dortmunder Hütte". Kurze Abfahrt zum Ausgangspunkt.

Der kleine Stausee ist Ausgangspunkt für alle Skitouren im Mittertal. Entsprechend gut belegt ist er an schönen Wochenenden im Hochwinter. Daher: Rechtzeitig anreisen! Der Weg zum und durch das Mittertal zieht sich ein wenig. Der weitere Anstieg ist dann sehr direkt und die Abfahrt reiner Skigenuss, gute Schneeverhältnisse vorausgesetzt. Der Schafzoll ist meist noch im Mai – bei Firn – ein lohnendes Ziel.

Aufstieg

Vom Parkplatz über die Staumauer. Auf einem Fahrweg kurz Richtung West. Knapp bevor der Weg endet, durch lichten Wald zum Mittertal und durch den Talboden. Der Bach ist meist gut verschneit und wird problemlos überschritten. Richtung West steigt man durch schönes mittelsteiles Skigelände bis etwa 2150 m auf. Einen deutlich sichtbaren Steinmann lässt man rechts liegen bzw. stehen. Über einen ausgeprägten

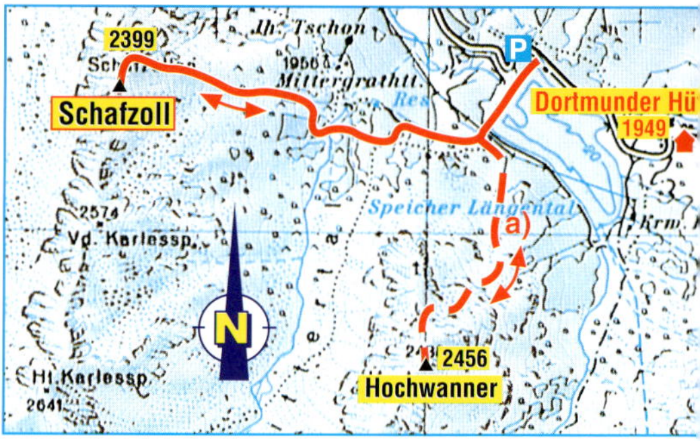

Rücken, der rechts steil und felsdurchsetzt abbricht, zum prachtvollen Gipfelhang. Der Schafzoll ist zweigipfelig. Der rechte Gipfel trägt zwar ein Vermessungszeichen, ist aber niedriger. Den höheren erreicht man über einen Gratrücken, der gleichfalls nach rechts steil und felsdurchsetzt abbricht.

Abfahrt

Wie Aufstieg. Bei stabilen Schneeverhältnissen fährt man nicht über den Rücken ab, über den man aufgestiegen ist, sondern rechts davon durch eine Mulde.

Variante

● a) Hochwanner (2456 m). 1½ Std. Hauptgipfel zu Fuß, selten bestiegen. Abfahrt vom „Wintergipfel" sehr steil! Häufig lawinengefährdet.

Kurz vor dem Schafzoll. In der Bildmitte Pirchkogel-Westrücken, dahinter Mieminger Gruppe.

Sonnenplätzchen auf dem Pirchkogel – mit großartigem Blick zum Rietzer Grieskogel ▷

Jänner – Februar

Pirchkogel, 2828 m

Großartige Rundtour mit langen Abfahrten

Aufstieg: insgesamt 3 Std.
Höhenunterschied: ↑ insges. 1000, ↓ insges. 1600 m
Kindereignung: mit Vorbehalten ab 10 Jahren
Hangrichtung: ↑ Südost, Ost, ↓ Nordost, Nord, Südost
Lawinengefährdung: mitunter lawinengefährdet
Talort: Kühtai, 2017 m
Auskünfte: Tourismusverband A-6183 Kühtai, Tel. +43/5239/5222, Fax 5255; E-Mail: info@kuehtai.co.at
Landkarte: AV-Karte 31/2 (Stubaier Alpen, Sellrain, mit Skirouten)
Ausgangspunkt: Sesselbahn „Hochalter"
Anfahrt: Inntal-Autobahn zur Ausfahrt „Sellrain". Durch das Sellraintal nach Kühtai. Oder: Bus (Linie 4166) zur Talstation.

Die hier beschriebene „Große Pirchkogel-Rundfahrt" ist anstrengend. Der Gegenanstieg zum Kreuzjoch ist länger als der Aufstieg zum Pirchkogel und zieht sich ganz gehörig!

Große Pirchkogel-Rundfahrt

Von der Bergstation des Sesselliefts „Hochalter" kurz auf der Piste, bei der ersten Kurve nach rechts. Unterhalb der Irzwände zu einem kleinen See (Forschungsstation der Universität Innsbruck). Anfellen. Richtung West über einen Rücken, dann steil durch die Flanke, die vom Hinteren Grieskogel herabzieht, zum Gipfelhang und über ihn zum Gipfelkreuz.
Die erste große Abfahrt beginnt in einer Einsattelung nördlich des Gipfels. Aus ihr fährt man in das Schneetal ein. Die windgeschützte Mulde konserviert den Pulverschnee, herrliche Abfahrt (oft lawinengefährdet) in eine Höhe von

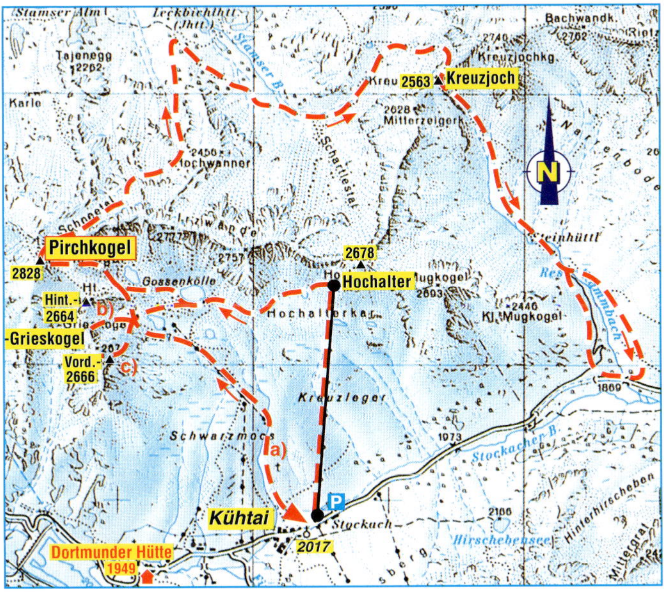

etwa 2000 m. Man kann sich schon etwas früher rechts halten, um mit wenig Höhenverlust in den Talboden des Stammer Baches zu gelangen.

Mit Fellen steigt man Richtung Südost bis in eine Höhe von etwa 2200 m auf. Scharf nach links abbiegen und über einen Südwesthang zu einem kleinen Becken, in das ein Seelein eingelagert ist (etwa 2430 m). Von hier in ein etwas höher gelegenes Becken und weiter zum Kreuzjoch (2563 m), das man zuletzt von Nord her in einer Querung (Vorsicht!) erreicht. – Nun zweite Abfahrt über sonnseitige Mulden zur Oberen Zirmbachalm und am linken oder rechten Ufer des Klammbaches zur Talstraße. Zum Ausgangspunkt mit Autostopp oder zu Fuß (40 Min.).

Varianten

- a) Grieskogelscharte (2586 m). 1 Std. Kaum lawinengefährdet. Ab 6 Jahren.
- b) Vorderer Grieskogel (2666 m). 1½ Std. Häufig lawinengefährdet.

Jänner – Februar

Rietzer Grieskogel, 2884 m

Riesenabfahrt ins Inntal

Aufstieg: 3½ Std.
Höhenunterschied: ↑ 1050, ↓ 2150 m
Kindereignung: mit Vorbehalten ab 10 Jahren
Hangrichtung: ↑ Südwest, Süd, ↓ Südwest, Ost, Nord
Lawinengefährdung: mitunter lawinengefährdet
Talort: Kühtai, 2017 m
Auskünfte: Tourismusverband A-6183 Kühtai, Tel. +43/5239/5222, Fax 5255; E-Mail: info@kuehtai.co.at
Landkarte: AV-Karte 31/2 (Stubaier Alpen, Sellrain, mit Skirouten)
Ausgangspunkt: Brücke über den Klammbach (1869 m)
Anfahrt: Inntal-Autobahn – Ausfahrt „Sellrain". Durch das Sellraintal zur Brücke über den Klammbach (5 km nach St. Sigmund). Parken vor oder nach der Lawinenverbauung. Oder: Bus (Linie 4166), „Sonderhalt" bei der Klammbrücke erbitten.

Die Abfahrt vom Rietzer Grieskogel nach Flaurling im Inntal gehört zu den eindrucksvollsten Abfahrten in Tirol. Die „technischen Probleme" sind leicht zu lösen: Mit dem Autobus ins Kühtai, mit der Bahn zurück nach Innsbruck. Flaurling liegt nur 675 m hoch. Am ehesten reicht die Schneedecke in den von uns empfohlenen Monaten bis ins Inntal. Kinder müssen nicht nur dem Aufstieg gewachsen sein, sondern auch der langen Abfahrt und beim Gipfelaufstieg ev. gesichert werden.

Aufstieg

Östlich vom Klamml kurz und steil aufsteigen, dann dem Tal folgen. Nach rechts über einen Südwesthang in eine Höhe von 2350 m und weiter zu den flachen Zirmbacher Narrenböden. Nach den Böden neuerlich steil, bis man

Über den Grat geht es zum Gipfelaufbau.

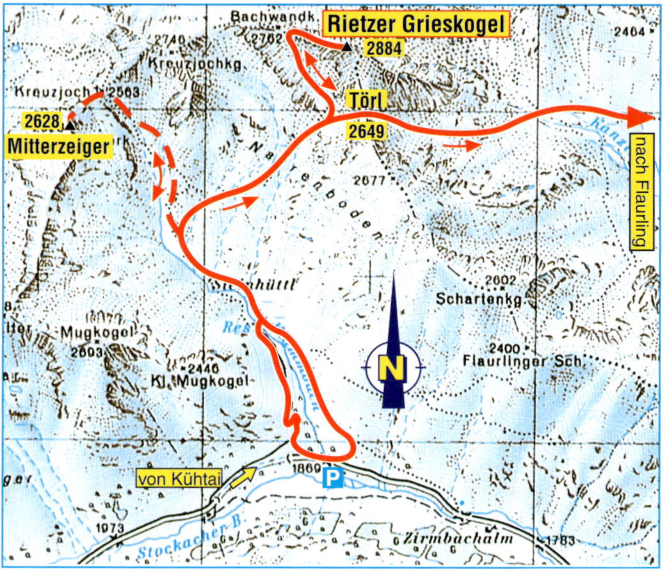

nach auffälligen Felsen („Bachwandlen“) zum Westgrat aufsteigen kann. Skidepot. Bei günstigen Verhältnissen mit Skiern bis zu den Gipfelfelse. (Von hier Abfahrt über die steile Südwestflanke ‚SCHWARZ ●, teilweise 40°, möglich.) Über unschwierige Blöcke in wenigen Minuten zum mächtigen Gipfelkreuz.

Abfahrt

Wie Aufstieg, dann links halten und zum Törl (2649 m) aufsteigen. Vom Törl durch eine schöne Mulde und weiter dem Tal folgend zur Flaurlinger Alm (1614 m). Man bleibt im Talboden, bis man auf eine Forststraße stößt. Auf der Forststraße, anschließend über Bauernwiesen oberhalb des Dorfes nach Flaurling. Unterer Teil der Abfahrt im Routenkärtchen nicht enthalten, dennoch keine Orientierungsprobleme. Bus (Linie 2) zum Bahnhof Pfaffenhofen.

Variante

● a) Mitterzeiger (2628 m). 2½ Std. Kaum lawinengefährdet. Ab 8 Jahren.

Im Aufstieg zur Mandlscharte. Kaum zu glauben, dass Innsbruck nur wenige Kilometer entfernt ist – allerdings getrennt durch die Nordkette (Tour 6).

Skispuren vom Großen Windegg (Tour 12)

Jänner – Februar

Widdersberg, 2327 m

Toureneinsamkeit neben dem Pistentrubel

Aufstieg: 2½ Std.
Höhenunterschied: ↑↓ 800 m
Kindereignung: ab 10 Jahren
Hangrichtung: Südost, Nordwest, Nord
Lawinengefährdung: mitunter lawinengefährdet
Talort: Axams, 868 m
Auskünfte: Tourismusverband A-6094 Axams, Tel. +43/5234/681780, Fax 67158; E-Mail: info@innsbruck.tvb.co.at
Landkarte: AV-Karte 31/2 (Stubaier Alpen, Sellrain, mit Skirouten)
Ausgangspunkt: Axamer Lizum, 1560 m
Anfahrt: Inntal-Autobahn – Ausfahrt „Sellraintal". Über Axams in die Axamer Lizum. Großer Parkplatz (für Tourengeher ATS 80).

Vom Parkplatz aus sieht man einen Felsklotz, der eher für eine Kletter- als für eine Skitour geeignet scheint. Das ist unser Widdersberg. Der Aufstieg führt durch eine großartige „Dolomitenlandschaft" in einem großen Bogen von der Südseite zum Gipfel. Benützt man die Hoadlbahn, verkürzt sich der Aufstieg auf 1 Std., gerade richtig für einen Achtjährigen, wenn Fell- und Abfahrtstechnik „stimmen".

Aufstieg

Auf der „Damenabfahrt" ziemlich flach aufsteigen. Vor dem ersten Steilhang nach links abbiegen und mit gutem Höhengewinn in ein überraschend sanftes Becken aufsteigen. Um die felsigen östlichen Ausläufer des Widdersberges herum erreicht man das Lizumer Kar. Ein prachtvoller Südosthang führt uns zum Südrücken, den wir unmittelbar vor dem Widdersberg erreichen. Oder auf ver-

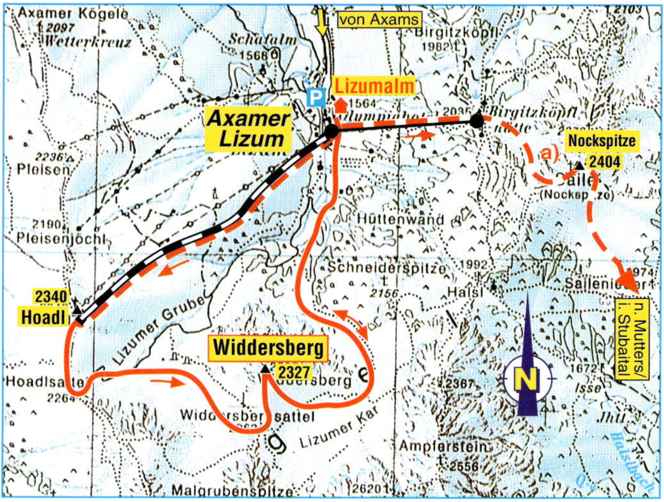

kürztem Anstieg: Mit der „Hoadlbahn" (auch „Olympiabahn") zur Bergstation (2340 m). Auf der „Damenabfahrt" über einen Rücken zum Hoadlsattel (2264 m). Weiter auf der Abfahrt bis zu einer Jausenstation (rechts). Hier verlassen wir die Piste und fellen an. Über hügeliges Gelände quert man Richtung Widdersbergsattel (2262 m), der von hier aus bereits gut zu sehen ist. Kurz und steil (bei Hartschnee Kinder mit Harscheisen!) auf den Sattel und über den Südrücken weiter zum Gipfel.

Abfahrt

Wie beim Aufstieg ohne Lifthilfe. Über den Südosthang ins Lizumer Kar und in einem Linksbogen, zuletzt über einen Nordhang zur „Damenabfahrt", die man im untersten, flachen Teil erreicht.

Variante

● a) Nockspitze (2404 m). 1 Std. vom Birgitzköpfl. Abfahrt nach Mutters oder ins Stubaital.

Im Anstieg zum Widdersberg ▷

Jänner – Februar

Largoz, 2214 m

Riesenabfahrt ins Inntal!

Aufstieg: 2½ Std.
Höhenunterschied: ↑ 900, ↓ 1600 m
Kindereignung: ab 10 Jahren
Hangrichtung: ↑ Nordwest, ↓ Nord
Lawinengefährdung: mitunter lawinengefährdet
Talort: Volders, 558 m
Auskünfte: Tourismusverband A-6111 Volders,
Tel. +43/5224/5231111, Fax 5231150;
E-Mail: gde.volders@kufgem.netwing.at
Landkarte: AV-Karte 31/5 (Innsbruck Umgebung, mit Skirouten)
Ausgangspunkt: Krepperhütte, 1351 m
Anfahrt: Inntal-Autobahn – Ausfahrt „Wattens" – Volders. Mit dem eigenen Auto oder (sinnvoller) mit dem Taxibus auf einer Bergstraße zur Krepperhütte (1351 m). Parkplatz etwas oberhalb der Hütte. Oder: Mit dem Bus (Linie 4121) von Innsbruck nach Volders.

Die Fachleute streiten darüber, ob es „der" oder „die" Largoz heißt. Den Tourengeher berührt das wenig. Er staunt über diese Riesenabfahrt ins Inntal: Reiner Skigenuss! Lediglich im Waldgürtel ist Rücksichtnahme erforderlich und muss eine Forststraße benützt werden. Übrigens kann die Abfahrt auch auf dem Anstiegsweg bis ins Tal fortgesetzt werden. Die Wiesen sind gut befahrbar, doch ist – kleiner Schönheitsfehler – mehrmals die Fahrstraße zu kreuzen.

Aufstieg

Vom Parkplatz durch den Wald zur Largozalm (1963 m). Unser Gipfel ist beliebt, daher finden wir fast immer eine dicke Anstiegsspur vor. Die Alm liegt bereits oberhalb der Waldgrenze. Weiter durch hindernisloses Idealgelände, durch

Mulden und über kurze steilere Stufen zum Gipfel, den man zuletzt von Nord her erreicht. Großes Gipfelkreuz, herrlicher Abblick auf Innsbruck und Hall sowie auf die Karwendelkette gegenüber.

Abfahrt

Richtung Nord über den Rücken. Am Glotzenkreuz (2092 m) vorbei über eine Lichtung zur Jagdhütte Schönrastboden (1569 m). Auf einem Forstweg nach links, bis man nach einem Bachtälchen wieder in Richtung Nord abzweigen kann. Durch lichten Wald, immer wieder aber über Wiesen, zum Vögelsberg (Gasthof, 868 m). Nun entweder Richtung Nord nach Wattens (567 m, Bahnstation, Bushaltestelle); oder (wenn Auto in Volders geparkt) kurz nach dem Vögelsberg links halten, über sanfte Wiesen, zuletzt an Schloss Aschach vorbei, zum Ausgangspunkt. Noch einmal: Bei der Abfahrt müssen unbedingt Aufforstungen beachtet und im beschriebenen Bereich der Forstweg benützt werden!

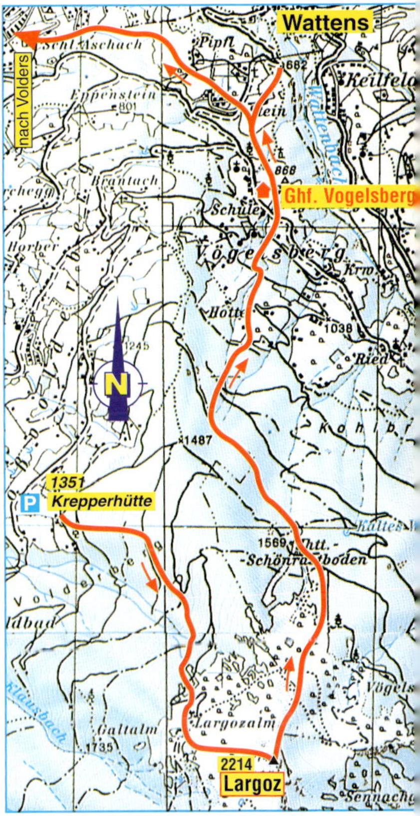

Föhnsturm auf dem Gipfel

Jänner – Februar

Mölser Sonnenspitze, 2496 m

Viel Abfahrtsfreud für wenig Anstiegsmüh

Aufstieg: 1½ Std.
Höhenunterschied: ↑ 500, ↓ 1100 m
Kindereignung: ab 8 Jahren
Hangrichtung: ↑ Ost, ↓ Nordwest
Lawinengefährdung: mitunter lawinengefährdet
Talort: Wattens, 567 m
Auskünfte: Tourismusverband A-6112 Wattens-Wattenberg, Tel. +43/5224/52904, Fax 52306; E-Mail: wattens-wattenberg@netway.at
Landkarte: AV-Karte 31/5 (Innsbruck Umgebung, mit Skirouten)
Ausgangspunkt: Lager Walchen (1410 m, Parkplatz vor dem Truppenübungsplatz) bzw. Lizumer Hütte, ÖAV (2019 m)
Anfahrt: Inntal-Autobahn oder Bundesstraße nach Wattens. Weiter auf gut ausgebauter Bergstraße zum Lager Walchen. Zur Lizumer Hütte mit Taxi Troppmair, Tel. +43/5224/52691. Zu Fuß zur Hütte 2 Std. Oder: Mit Bahn oder Bus (Linie 4121) nach Wattens, weiter mit Taxi Troppmair.

Die Mölser Sonnenspitze ist ein formschöner Gipfel im Tourengebiet der Lizumer Hütte. Das Tourengebiet ist erstaunlich vielfältig. Die Hütte eignet sich deshalb auch für einen längeren Aufenthalt (90 Schlafplätze, bewirtschaftet Weihnachten bis Ende April, Anmeldung unter Tel. +43/5224/52111). Die Abfahrt ist, kein Wunder bei der kurzen Anstiegszeit, sehr beliebt und entsprechend verspurt. Die weiten Hänge bieten jedoch immer wieder Möglichkeiten, seine eigene Spur zu ziehen. Für Kinder ist die kurze Anstiegszeit natürlich ein großes Plus.

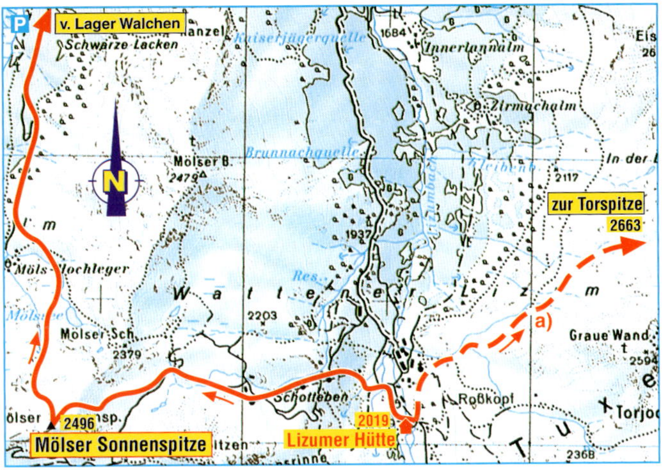

Aufstieg

Von der Lizumer Hütte überblickt man den gesamten Anstieg. Der Aufstieg führt an der Bergstation eines Schlepplifts vorbei, der nur vom Militär benützt werden darf.
Wenig später erreichen wir eine Einsattelung nördlich der Mölser Sonnenspitze. Diese Einsattelung hat keinen Namen und heißt in der Karte daher „Unbenannte Scharte". Über den Nordrücken erreicht man etwas steil, aber unschwierig den höchsten Punkt.

Abfahrt

Zurück zur Unbenannten Scharte, dann Richtung Nordwest durch herrliche Skimulden abfahren. In einer Höhe von 2250 m hält man sich rechts, um Felsabbrüche zu umfahren, und quert in ein Tälchen ein, den Abfluss des Mölssees.
Durch das Tälchen erreichen wir dann einen Fahrweg, den man bis zum Lager Walchen verfolgt. Die großen Kehren kann man dabei abkürzen.

Variante

● a) Torspitze (2663 m). 2¼ Std. Mitunter lawinengefährdet. Ab 10 Jahren.

Jänner – Februar

Glungezer, 2677 m

Idealtour für Kinder

Aufstieg: 1½ Std.
Höhenunterschied: ↑ 500, ↓ 1750 (eventuell 2200) m
Kindereignung: ab 6 Jahren
Hangrichtung: ↑ Nordost, ↓ Nordwest
Lawinengefährdung: mitunter lawinengefährdet
Talort: Tulfes, 922 m
Auskünfte: Tourismusverband A-6060 Tulfes,
Tel. +43/5223/78324, Fax 78808;
E-Mail: tvb.tulfes@tirol.com
Landkarte: AV-Karte 31/5 (Innsbruck Umg., mit Skirouten)
Ausgangspunkt: Talstation der Sesselbahn „Glungezer".
Anfahrt: Von der Ausfahrt „Hall in Tirol" der Inntal-Autobahn nach Tulfes und zum Parkplatz der Sesselbahn. Oder: Mit dem Bus (Linie 1130 über Hall, Linie 4134 über Lans).

In der Frühzeit des Skilaufs war der Glungezer eine der berühmtesten Skitouren. Die Glungezerhütte wurde errichtet, damit man nach dem vielstündigen Aufstieg nächtigen und am nächsten Tag ausgeruht abfahren konnte. Heute verkürzen Seilbahnen die Anstiegszeit auf 1½ Std. – gerade richtig für Kinder, die durch die Einkehr zusätzlich motiviert werden. Im Jänner und Februar haben wir Chancen, bis nach Tulfes abzufahren, bei besonders günstiger Schneelage sogar bis nach Volders über gigantische 2200 Höhenmeter!

Aufstieg

Sesselbahn zur Mittelstation Halsmarter, Schlepplift zur Tulfeinalm. Nach rechts abfahren zur Talstation des Lifts „Kal-

◁ *Im Aufstieg zur Mölser Sonnenspitze (Tour 18)*

te Kuchl". Mit diesem zur Bergstation (Schartenkogel, 2311 m). Auf der Piste kurz hinunter zur Schäferhütte (2277 Meter). Jetzt erst wird angefellt! Eine dicke Spur führt (zusätzlich Stangenmarkierung) ohne Orientierungsprobleme zur Glungezerhütte (ÖAV, 2610 m; Winterbewirtschaftung während der Betriebszeit der Seilbahnen, Tel. +43/5223/78018). Oder (etwas anspruchsvoller): Noch vor der Schäferhütte nach links und zum Nordostrücken. Über ihn unmittelbar zum großen Gipfelkreuz, das man natürlich auch in wenigen Minuten von der Hütte aus erreicht. Der „richtige" Gipfel liegt etwas weiter südlich (Steinmann).

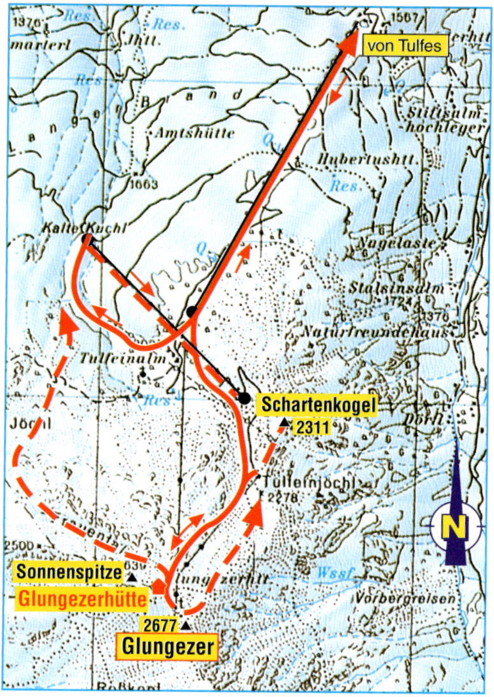

Abfahrt

Mehrere Möglichkeiten. Besonders schön: Unmittelbar vom Gipfelkreuz über den Nordosthang zur Schäferhütte. Weiter auf der Piste bis nach Tulfes. Erlaubt die Schneelage eine Abfahrt nach Volders, verlässt man die Piste beim Gasthof Windegg (1180 m) und fährt Richtung Nord ab – Ende bei der Kirche zum Heiligen Karl Borromäus nahe der Innbrücke. Bushaltestelle „Volderer Brücke" (Linie 8380).

Gehen mit Fellen ist gar nicht so leicht!

März – April

Meteorologen rechnen den März bereits zum Frühjahr. Der März ist ein beliebter Monat bei den Tourengehern. Das hat gute Gründe. Die Schneedecke ist (nach einem „normalen“ Winter) ausreichend. Sie hat sich „gesetzt“ und ist stabiler geworden. Die Abfahrten reichen noch bis in verhältnismäßig niedrige Tallagen. Auch in mittleren Höhen kann man sonnseitig mit Firn rechnen. Andererseits gibt es im März noch prachtvollen Pulverschnee, der allerdings wegen der stärkeren Sonneneinstrahlung rascher verdirbt als in den Vormonaten. In schattseitigen Karen und Mulden, in tieferen Lagen auch in Waldschneisen und lichtem Wald, hält sich der Pulverschnee jedoch als „gesetzter Pulver“ noch recht gut. Er ist aber nicht mehr so locker wie im Hochwinter und erfordert deshalb eine ordentliche Skitechnik, parallele Skiführung und exaktes Umkanten bei den Schwüngen. Im März kann man sich bereits an hohe Gipfel wagen. Spalten sind verlässlicher überbrückt. Unangeseilt sollte man dennoch nur spaltenarme Gletscher bei günstigen Bedingungen befahren.

Und der April? Trotz seines schlechten Rufes als launischer Geselle ist er ein hervorragender Monat für den Tourenskilauf. Abfahrten sind sonnseitig noch bis etwa 1500 Meter, schattseitig bis 1200 m Höhe möglich. Die Schneedecke hat sich durch den häufigen Wechsel von Wärme und Kälte stabilisiert, die Lawinengefahr dadurch abgenommen. Sonnseitig kann man allmählich auch in größeren Höhen mit Firn rechnen. In tieferen Lagen gibt es selbst schattseitig bereits Firn, eine gut fahrbare „Schmirbe“ und noch keinen grundlos tiefen Sulz. Auf den Gletschern sind die Spaltenbrücken tragfähiger geworden. Dennoch: nach Schneefällen oder bei schlechter Sicht zumindest im Aufstieg anseilen, auf gefährlichen Gletschern auch bei der Abfahrt, selbst wenn das nach einem alten Spruch „die besten Freundschaften verdirbt“. Harscheisen werden insbesondere bei der Querung steiler Hänge zu einem wichtigen Ausrüstungsgegenstand, der das kräfteraubende (und gefährliche!) Abrutschen verhindert.

März – April

Jochgrubenkopf, 2453 m

Skigenuss für gute Skifahrer

Aufstieg: 2½ Std.
Höhenunterschied: ↑↓ 850 m
Kindereignung: nein
Hangrichtung: Nord
Lawinengefährdung: mitunter lawinengefährdet
Talort: St. Jodok am Brenner, 1129 m
Auskünfte: Tourismusverband A-6154 St. Jodok am Brenner, Tel. +43/5279/5204, Fax 20014; E-Mail: tourismus@wippregio.at
Landkarte: AV-Karte 31/5 (Innsbruck Umgebung, mit Skirouten)
Ausgangspunkt: Weiler Kasern, 1610 m
Anfahrt: Auf der Brenner-Autobahn zur Ausfahrt „Matrei-Steinach". Bundesstraße, links abzweigen nach St. Jodok. Bei der Wegverzweigung nach dem Dorf ins Schmirntal (links) und zum Ende der Fahrstraße bei Toldern. Eingeschränkte Parkmöglichkeit. Wendeplatz des Busses freihalten! Oder: Bahn nach Steinach, Bus (Linie 4144) bis Endstation.

Der Jochgrubenkopf ist die ideale Skitour für gute Skifahrer, die eine rassige Abfahrt schätzen. Steil im unteren und noch steiler im oberen Teil des Aufstiegs! Für Kinder nur geeignet, wenn sie sehr sicher (kontrolliert!) Ski fahren können.

Aufstieg

Richtung Süd über eine Wiese zum Bach, den man auf einer Brücke überschreitet. Steil geht es durch lichten Wald und eine Schneise in die „Jochgrube". Nach diesem kurzen sanfteren Zwischenspiel steigen wir, nunmehr im freien Gelände, zum Gipfel auf. Den Hang überwindet man,

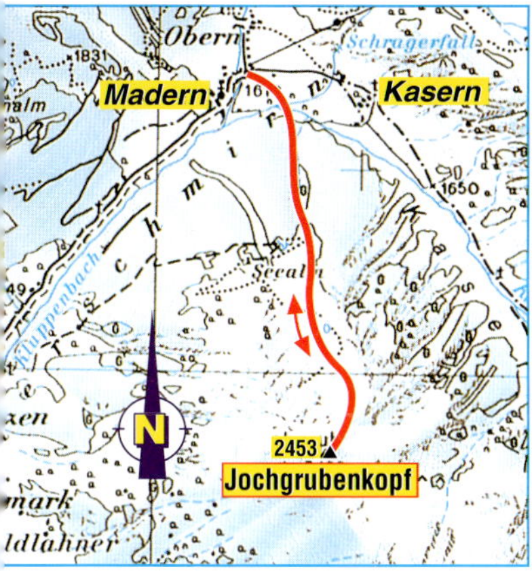

indem man entweder nach links (meist günstiger) oder nach rechts ausholt und dadurch den Gipfel entweder von Nordost oder von Nordwest her erreicht. Der Gipfelhang ist mitunter schneebrettgefährdet und erfordert stabile Schneeverhältnisse.

Abfahrt

Wie Aufstieg.

Bescheidenes Holzkreuz auf dem Jochgrubenkopf. Im Hintergrund Olperer und Fußstein

März – April

Sumpfkopf, 2341 m

Schnurgerade zum Gipfel!

Aufstieg: 3 Std.
Höhenunterschied: ↑↓ 1000 m
Kindereignung: nein
Hangrichtung: Süd
Lawinengefährdung: mitunter lawinengefährdet
Talort: St. Jodok am Brenner, 1129 m
Auskünfte: Tourismusverband A-6154 St. Jodok am Brenner, Tel. +43/5279/5204, Fax 20014;
E-Mail: tourismus@wippregio.at
Landkarte: AV-Karte 31/5 (Innsbruck Umgebung, mit Skirouten)
Ausgangspunkt: Weiler Aue im Schmirntal, 1373 m
Anfahrt: Brenner-Autobahn zur Ausfahrt „Matrei-Steinach". Bundesstraße, dann links nach St. Jodok und ins Schmirntal. Vor dem Weiler Aue über den Schmirnbach. Kurz talaus zur Abzweigung einer Bergstraße. Oder: Mit Bahn und Bus (Linie 4144) zur Haltestelle „Aue".

Aufstieg

Über mittelsteile, teilweise jedoch steile Hänge, die anfangs Südost, dann rein Süd ausgerichtet sind, steigt man

Unsere Route zum Sumpfkopf ist im oberen Teil sehr steil. Der Anstieg ist daher für Kinder nur bedingt geeignet. Sie müssen über eine ausgezeichnete Felltechnik beim Aufstieg und eine ebenso ausgezeichnete Skitechnik auf der Abfahrt verfügen. Vom Standpunkt der Lawinensicherheit und des Skivergnügens muss man sich Firn nach einer kalten Nacht wünschen. Diese Verhältnisse findet man am ehesten in der ersten Märzhälfte vor.

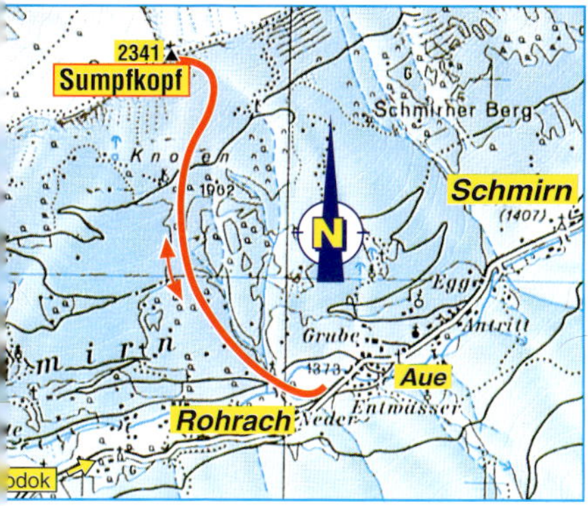

ziemlich unmittelbar bis zum felsigen Gipfelaufbau. Nun hält man sich etwas rechts zu einer sehr steilen Rinne. Diese Rinne durchsteigt man am besten zu Fuß mit aufgeschnallten Skiern, hält sich dann links und gelangt in wenigen Minuten über den Kamm zum Gipfel des Sumpfkopfes.

Abfahrt: wie Aufstieg.

Blick vom Sumpfkopf in die Zillertaler Alpen auf die Paradegipfel Olperer und Fußstein

März – April

Lämpermahdspitze, 2595 m

Anspruchsvoller Nachbar der berühmten Serles

Aufstieg: 3¼ Std.
Höhenunterschied: ↑↓ 1050 m
Kindereignung: nein
Hangrichtung: Südost, Nordost
Lawinengefährdung: häufig lawinengefährdet
Talort: Matrei am Brenner, 990 m
Auskünfte: Tourismusverband A-6143 Matrei am Brenner, Tel. +43/5273/8278, Fax 7126; E-Mail: tourismus@wippregio.at
Landkarte: AV-Karte 31/5 (Innsbruck Umgebung, mit Skirouten)
Ausgangspunkt: Rechtskurve unterhalb Maria Waldrast („Siebenbrunnen").
Anfahrt: Brenner-Autobahn zur Ausfahrt „Matrei-Steinach". Bundesstraße zurück nach Matrei. Mautstraße bis Rechtskurve unterhalb von Maria Waldrast.

Die Lämpermahdspitze ist im Gegensatz zur berühmten Serles zumeist einsam, aber anspruchsvoll. Bei Hartschnee ist der Gipfelhang heikel – Absturzgefahr! Daher für Kinder nicht geeignet.

Aufstieg

In wenigen Minuten zur Ochsenalm (1558 m, urige Jausenstation mit Sommerbewirtschaftung). Weiter in einer schönen Mulde bis in eine Höhe von 1750 m. Nach rechts geht es hier zur Serles. Wir halten uns geradeaus und erreichen nach einer Steilstufe die sanfte „Matreier Grube". Wenn es nach diesem gemütlichen Zwischenspiel wieder steiler wird, hält man sich rechts, steigt also nicht weiter in Richtung Kalbenjoch auf. In zunehmender Steilheit erreicht man, zuletzt durch eine stei-

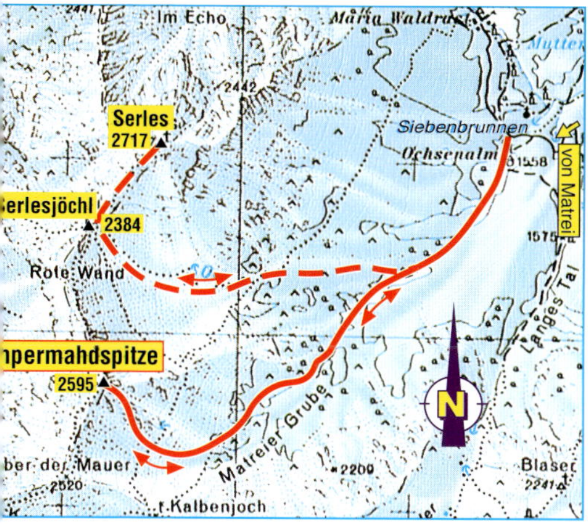

le Rinne zwischen Felsen den Kamm, der von der Lämpermahdspitze nach Süd zieht. Der Kamm führt uns dann überraschend einfach zum Gipfel.

Abfahrt
Wie Aufstieg.

Variante

● a) Serles (2717 m). ½ Std. länger. Über Serlesjöchl und eine „alpine Einlage" (spät im Jahr meist problemlos).

Blick von der Lämpermahdspitze zur ungleich bekannteren Serles

Tour 23

Stubaier Alpen

März – April

Hinterer Daunkopf, 3225 m

Ski-Dreitausender der Sonderklasse!

Aufstieg: 2 Std.
Höhenunterschied: ↑ 550, ↓ 1500 m
Kindereignung: ab 8 Jahren
Hangrichtung: ↑ Ost, Süd, ↓ Nordost, Südost
Lawinengefährdung: mitunter lawinengefährdet
Talort: Neustift im Stubaital, 993 m
Auskünfte: Tourismusverband A-6167 Neustift im Stubaital, Tel. +43/5226/2228, Fax 2529; E-Mail: tv.neustift@neustift.netwing.at
Landkarte: AV-Karte 31/1 (Stubaier Alpen, Hochstubai, mit Skirouten)
Ausgangspunkt: Talstation der Stubaier Gletscherbahn, 1748 m
Anfahrt: Brenner-Autobahn zur Ausfahrt „Stubaital". Durch das Tal zur Mutterbergalm (Gletscherbahn). Große Parkplätze. Oder: Bus (Linie 38360).

Im letzten Teil des Aufstiegs – mit Blick zum Wilden Pfaff

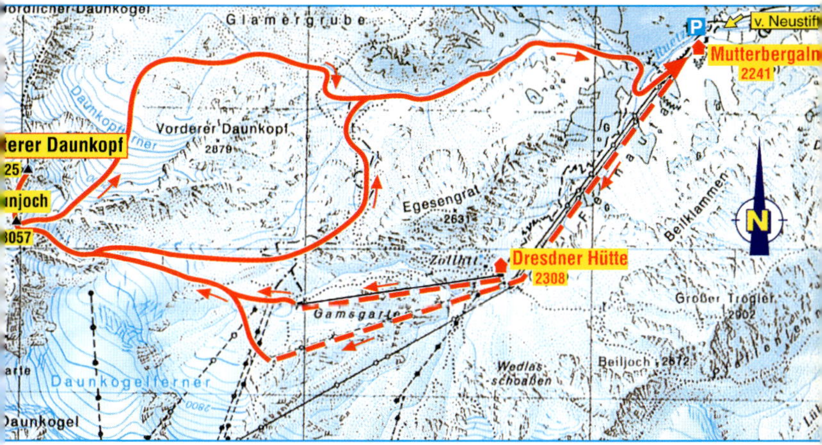

Aufstieg

Mit der rechten Gondelbahn („Gamsgarten II") zur Bergstation (2600 m). Nun zur deutlichen Mulde, die vom Daunjoch herabzieht. Durch diese zum Daunjoch (3057 m). Weiter über den Südrücken, zuerst mit Fellen, dann zu Fuß über den Hang (steil) und den Gratrücken zum Gipfel.

Den Hinteren Daunkopf „packen" auch Kinder leicht – die Gletscherbahn macht`s möglich. Beim Gipfelanstieg werden sie angeseilt, was den Reiz der Unternehmung erhöht.

Abfahrt

Zunächst wie Anstieg. Vor der Einfahrt in die Ostmulde links halten und über den Daunkopfferner abfahren. Anschließend nach rechts (Ost), über herrliche Hänge in den Talboden, wo man auf die Pistenabfahrt „Wilde Grube" stößt. – Lohnend ist auch die Abfahrt auf dem Anstiegsweg, wobei man sich mitunter aussuchen kann, ob man im Pulver (rechts) oder im Firn (links) abfährt. Auch hier zuletzt durch die „Wilde Grube" zur Talstation.

Tour 24

Stubaier Alpen

März – April

Faltegartenköpfl, 2184 m

Gipfelchen für die ersten Versuche im Firn

Aufstieg: 1¾ Std.
Höhenunterschied: ↑↓ 450 m
Kindereignung: ab 8 Jahren
Hangrichtung: Südwest
Lawinengefährdung: mitunter lawinengefährdet
Talort: Kühtai, 2017 m
Auskünfte: Tourismusverband A-6183 Kühtai, Tel. +43/5239/5222, Fax 5255; E-Mail: info@kuehtai.co.at
Landkarte: AV-Karte 31/2 (Stubaier Alpen, Sellrain, mit Skirouten)
Ausgangspunkt: Berggasthof Marlstein, 1765 m
Anfahrt: Inntal-Autobahn zur Ausfahrt „Sellrain". Durch das Sellraintal nach Kühtai. Richtung Ötztal zu einer Abzweigung („Silzer Sattele, Haiming"). Von dieser Straße nach rechts zum Alpengasthof.

Aufstieg

Vom Parkplatz am Alpengasthof vorbei zur Piste eines kleinen Schlepplifts. Auf ihr steigt man auf, bis sie einen Forstweg kreuzt. Auf diesem Forstweg in zwei Kehren (die auch abgekürzt werden können) durch den Wald. Nun in schönem Steilgelände, zuerst zwischen einzeln stehenden Bäumchen und Latschen, dann auf freien Hängen bis in eine Höhe von 2100 m. Hier zweigt man nach links ab und erreicht die Feldringer Böden. Flach über diese Böden

Im Aufstieg. Blick zum Großen Zwölferkogel

Das Faltegartenköpfl ist eine hübsche kurze Skitour, die man von der Länge her auch jüngeren Kindern zumuten kann. Die Hänge sind ziemlich steil. Bei Hartschnee können Kindern das Gehen mit Harscheisen lernen, die dann unbedingt erforderlich sind (ein Erwachsener geht unterhalb des Kindes – für den Fall des Falles). Wenn es auffirnt, ist die Abfahrt ein Hochgenuss, und das nicht nur für die Kinder! Schön ist auch der Blick auf die zahlreichen Kühtaier Skigipfel im Längen- und Wörgetal.

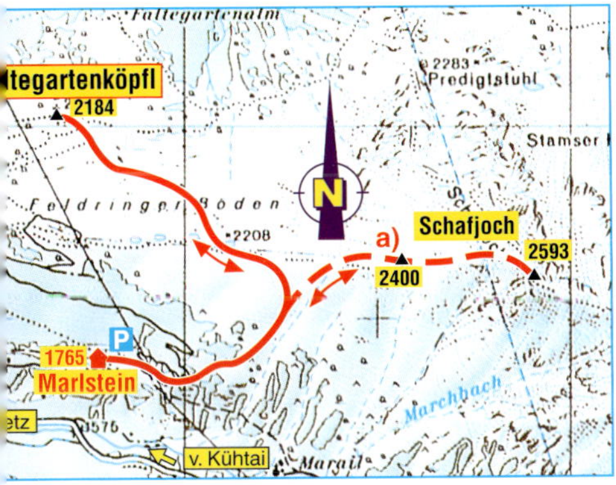

zum Faltegartenköpfl, die letzten Meter zu Fuß. Überraschend schöner Blick ins 1700 Höhenmeter tiefer liegende Inntal und auf viele Gipfel der Mieminger Gruppe und Lechtaler Alpen. Wer sich die lange Querung der flachen Feldringer Böden ersparen und dennoch deutlich erkennbar ein Ziel erreichen möchte, zweigt nicht nach links ab, sondern behält die Grundrichtung Nordost bei. Durchwegs mit gutem Höhengewinn zu einem großen Steinmann (2400 m).

Abfahrt: wie Aufstieg.

Variante

a) Schafjoch (2593 m). Vom oben erwähnten Steinmann, anfangs ziemlich flach, zum höchsten Punkt eines Kammes (= Schafjoch; Steinmann und Stange). 1 Std. länger. Ab 8 Jahren.

März – April

Vordere Karlesspitze, 2574 m

Sonnseitige Steilflanke für gute Skifahrer

Aufstieg: 2½ Std.
Höhenunterschied: ↑↓ 700 m
Kindereignung: nein
Hangrichtung: Südost, Ost
Lawinengefährdung: mitunter lawinengefährdet
Talort: Kühtai, 2017 m
Auskünfte: Tourismusverband A-6183 Kühtai, Tel. +43/5239/5222, Fax 5255; E-Mail: info@kuehtai.co.at
Landkarte: AV-Karte 31/2 (Stubaier Alpen, Sellrain, mit Skirouten)
Ausgangspunkt: Speicher Längental, 1900 m
Anfahrt: Auf der Inntal-Autobahn zur Ausfahrt „Sellrain“. Durch das Sellraintal nach Kühtai. Von der Passhöhe etwa 2 km in Richtung Ötztal zum Speicher Längental. Parkplatz an der linken Straßenseite. Oder: Mit dem Bus (Linie 4166) bis zur Haltestelle „Kühtai-Dortmunder Hütte“. Kurze Abfahrt zum Ausgangspunkt, natürlich Gegenanstieg bei der Rückkehr.

In meiner Jugend (und noch etliche Jährchen länger) hat die Vordere Karlesspitze mit ihren bis zu 40° steilen Hängen noch als „Extremtour“ gegolten. Das skiläuferische Können hat so zugenommen, dass die „Vordere Karles“ die ganze Saison hindurch regen Besuch erhält. Für Kinder kann der Gipfel nur empfohlen werden, wenn sie ausgezeichnet und kontrolliert Ski fahren können, und auch dann nur bei günstigen Verhältnissen (kein Hartschnee). Nicht nur im steilen Südhang, sondern vor allem beim letzten Teil des Aufstiegs, der von Ost zum höchsten Punkt führt, könnte ein Sturz verhängnisvolle Folgen haben!

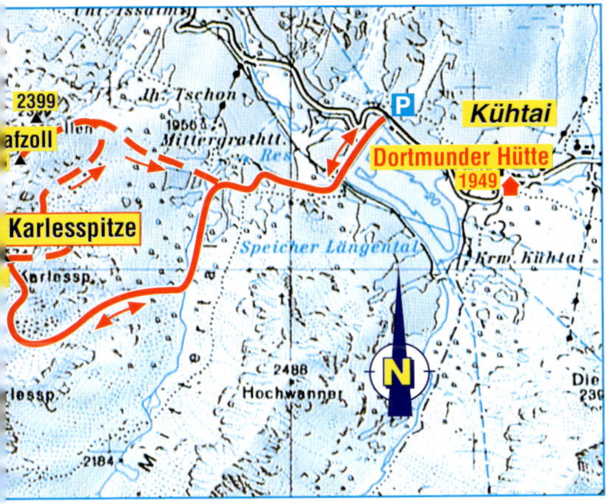

Aufstieg

Vom Parkplatz über die Staumauer. Nach rechts auf einem Fahrweg leicht ansteigend Richtung West. Nun in mehreren Kehren durch den Wald zum Mittertal. Man bleibt auf dem (im Anstiegssinne) linken Ufer des Baches, den man erst überquert, wenn man nach der abweisend steilen und felsdurchsetzten Ostflanke der Karlesspitze nach rechts abbiegen kann. Steil geht es hier ins Hintere Karle hinauf. Aus dieser flachen Mulde neuerlich sehr steil über eine Südflanke. Zuletzt holen wir nach rechts aus, erreichen den Ostrücken und über ihn unseren Gipfel.

Abfahrt

Wie Aufstieg. – Wer noch den Schafzoll (2426 m) anhängen möchte, fährt kurz über den Nordrücken ab und quert dann nach links zu einer Rampe, von der man ins Vordere Karle und weiter bis in eine Höhe von etwa 2150 Meter abfahren kann. Von hier wie bei Tour Nr. 13 beschrieben auf den Gipfel.

Im Anstieg zur Vorderen Karlesspitze. Weit unten Speicher Längental und Kühtai

Abblick zum Stausee, darüber Pirchkogel

März – April

Finstertaler Schartenkopf, 2855 m

Pulverschnee in schattseitigen Mulden

Aufstieg: 3¾ Std.
Höhenunterschied: ↑↓ 900 m
Kindereignung: ab 10 Jahren
Hangrichtung: Nord, Nordwest
Lawinengefährdung: mitunter lawinengefährdet
Talort: Kühtai, 2017 m
Auskünfte: Tourismusverband A-6183 Kühtai, Tel. +43/5239/5222, Fax 5255; E-Mail: info@kuehtai.co.at
Landkarte: AV-Karte 31/2 (Stubaier Alpen, Sellrain, mit Skirouten)
Ausgangspunkt: Talstation des Sessellifts „Drei Seen“, 1950 m
Anfahrt: Auf der Inntal-Autobahn zur Ausfahrt „Sellrain". Durch das Sellraintal nach Kühtai. Kurz unter dem Kühtaier Sattel Parkplatz der Sesselbahnen links von der Straße. Oder: Mit dem Bus (Linie 4166) zur Haltestelle „Kühtai-Jagdschloss“.

Aufstieg
Auf einer Fahrstraße (für den öffentlichen Verkehr gesperrt) steigt man gemütlich, oder über die Hänge links von der Straße steiler und anstrengender, auf. Bei einem Tunnel un-

Schönheitsfehler dieser Tour ist die Wanderung am Westufer des Speichers Finstertal. Vor dem Bau des Speichers konnte man die natürlichen Seen kerzengerade überschreiten, das war wesentlich angenehmer. Heute kann die Eisdecke bei abgesenktem Wasserspiegel brechen. Die TIWAG hat deshalb als Ersatz für die nunmehr gefährliche Überquerung einen „Weg“ angelegt, der in leichtem Auf und Ab den See entlangführt.

mittelbar hinauf zur Staumauer des Speichers Finstertal. Auf dem Skiweg am Ostufer quert man den steilen Hang zum südlichen Ende des Sees, bei Hartschnee am frühen Morgen mitunter recht unangenehm. Am Südende geht es endlich wieder aufwärts. Nur mehr kurz in der gemeinsamen Spur mit den vielen Anwärtern für den Sulzkogel, dann zweigt man nach links ab und folgt dem von der Natur vorgegebenen Routenverlauf in einem großen Bogen zur Finstertaler Scharte (2777 m). Über den Ostrücken erreicht man, bei günstigen Verhältnissen mit Skiern, den Gipfel.

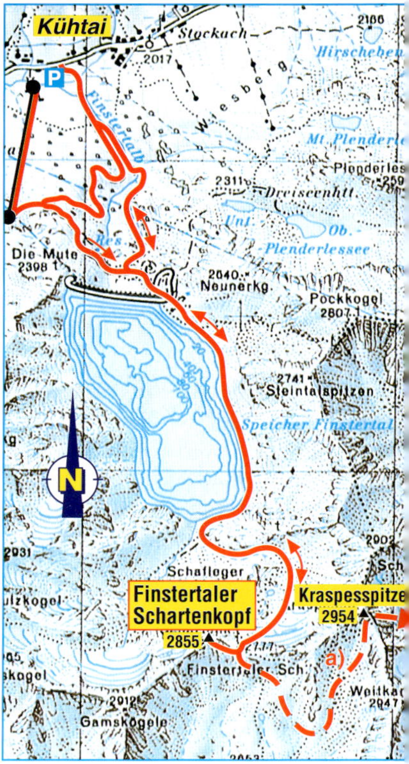

Anmerkung
Den Aufstieg kann man sich durch die Benützung des kleinen Schlepplifts „Alpenrose“ um eine knappe halbe Stunde verkürzen, wenn man von der Bergstation nach links zur Werkstraße quert.

Abfahrt: wie Aufstieg.

Variante
● a) Kraspesspitze (2954 m). ½ Std. länger. Großartige Abfahrt nach Haggen. Häufig lawinengefährdet. Mit dem Bus (Linie 4166) zurück zum Ausgangspunkt. Ohne Routeneinzeichnung!

März – April

Steintalspitzen, 2741 m

Einsamkeit nahe dem überlaufenen „Zwieselbacher“

Aufstieg: 3½ Std.
Höhenunterschied: ↑↓ 1100 m
Kindereignung: nein
Hangrichtung: Ost, Südost, Nord
Lawinengefährdung: häufig lawinengefährdet
Talort: St. Sigmund, 1362 m
Auskünfte: Tourismusverband A-6182 St. Sigmund-Haggen, Tel. +43/5236/570, Fax 565
Landkarte: AV-Karte 31/2 (Stubaier Alpen, Sellrain, mit Skirouten)
Ausgangspunkt: Weiler Haggen, 1650 m
Anfahrt: Inntal-Autobahn zur Ausfahrt „Sellrain“ und zum Weiler Haggen. Oder: Bus (Linie 4166), Haltestelle „Haggen“.

Aufstieg

Bis zur Abzweigung ins Steintal in den unübersehbaren Spuren der vielen Anwärter für den Zwieselbacher Ross-

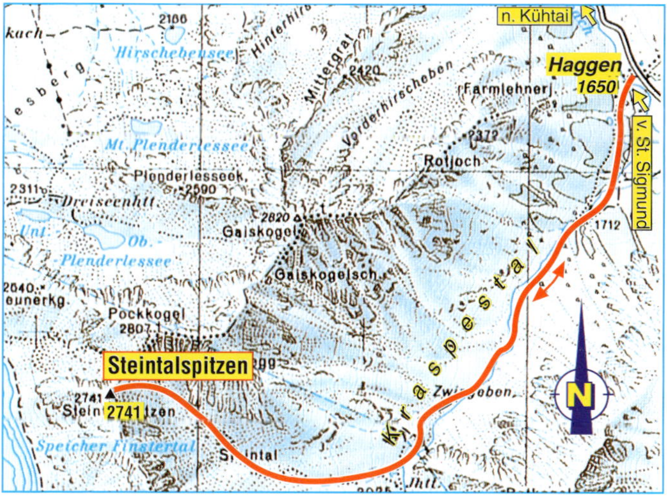

Alles drängt sich zu berühmten Gipfeln, auch im Sellraintal. In Kolonnen ziehen die Tourengeher zum Zwieselbacher Rosskogel. Ein einsames Skiziel sind dagegen die Steintalspitzen. Der Anstieg ist im letzten Teil bis zu 40° steil! Daher für Kinder nur mit Vorbehalten geeignet.

kogel talein. Durch eine steile Schlucht, die „Untere Zwing“. Häufig kann man die Schlucht leichter, vor allem weniger mühsam zu Fuß mit aufgeschnallten Skiern überwinden. Kurz danach erreichen wir die „Hinterzwing“ (etwa 2000 m). Hier zweigen wir nach rechts ins Steintal ab – und sind zumeist urplötzlich einsam unterwegs. Durch herrliche steile Mulden und einen sanften Boden ("Steintalboden“) bis in eine Höhe von etwa 2500 m. Hier etwas links halten. Über einen sehr steilen Hang zur ersten Kuppe der Steintalspitzen, eines Felsrückens mit mehreren Erhebungen. Skidepot. Über Blöcke zum Gipfel, für trittsichere Tourengeher bei einigermaßen günstigen Verhältnissen problemlos.

Abfahrt: wie Aufstieg.

Im Juni ist selbst der überlaufene Zwieselbacher Rosskogel einsam

März - April

Zischgeles, 3004 m

Dreitausender mit zwei herrlichen Abfahrten

Aufstieg: 3½ Std.
Höhenunterschied: ↑↓ 950 m
Kindereignung: ab 10 Jahren
Hangrichtung: ↑ Nordost, ↓ Nordost, Ost
Lawinengefährdung: mitunter lawinengefährdet
Talort: Gries im Sellrain, 1187 m
Auskünfte: Tourismusverband A-6182 Gries im Sellrain, Tel. +43/5236/224, Fax 505; E-Mail: tvb-gries@tirol.com
Landkarte: AV-Karte 31/2 (Stubaier Alpen, Sellrain, mit Skirouten)
Ausgangspunkt: Ortsteil Praxmar, 1689 m
Anfahrt: Inntal-Autobahn zur Ausfahrt „Sellrain". Durch das Sellraintal nach Gries. Durch das Lisenser Tal, dann nach rechts über eine Steilstufe nach Praxmar. Parkplatz beim Schlepplift. Oder: Mit dem Bus von Innsbruck nach Praxmar (Linie 4166).

Der Zischgeles entspräche keineswegs unserer Vorgabe „1000 Höhenmeter sind genug“, wenn es nicht den „Hausberglift“ gäbe, der eine Anstiegsstunde erspart.

Aufstieg

Mit dem Schlepplift zur Bergstation (etwa 2100 m). Nach rechts etwas abfallend queren. In ansehnlicher Steilheit durch das Kamplloch aufsteigen, im oberen Teil rechts halten. Man erreicht den Ostrücken des Zischgeles. Ab etwa 2900 m über unschwieriges Blockwerk zu Fuß (Skier tragen) zum höchsten Punkt.

Abfahrt

Bei günstigen Verhältnissen über die steile Nordflanke (ev. kurz zu Fuß), dann links halten und durch das Sattelloch bis 2380 m abfahren. Scharf nach rechts und steil über einen Osthang. Nach der Querung eines Bachtälchens stößt man auf die Anstiegsroute. Zuletzt auf der Piste zum Ausgangspunkt zurück.

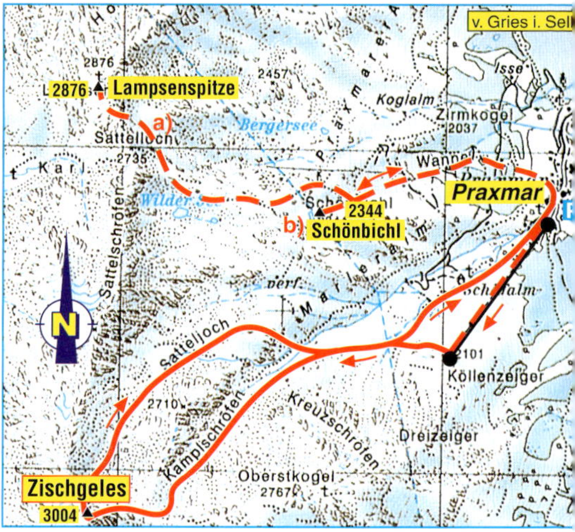

Variante

- a) Lampsenspitze (2876 m). Durch fehlende Lifthilfe erheblich länger (3½ Std.). Mitunter lawinengefährdet.
- b) Schönbichl (2344 m) auf dem Weg zur Lampsenspitze. 2 Std. Kaum lawinengefährdet. Ab 8 Jahren.

Zischgeles vom benachbarten Anstieg zur Lampsenspitze

März – April

Schafleger, 2405 m

Skigenuss mit kleinem Schönheitsfehler

Aufstieg: 3 Std.
Höhenunterschied: ↑↓ 1000 m
Kindereignung: ab 10 Jahren
Hangrichtung: West, Nordwest
Lawinengefährdung: mitunter lawinengefährdet
Talort: Sellrain, 909 m
Auskünfte: Tourismusverband A-6181 Sellrain, Tel. und Fax +43/5230/244
Landkarte: AV-Karte 31/5 (Innsbruck Umgebung, mit Skirouten)
Ausgangspunkt: Alpengasthof „Bergheim“, 1464 m
Anfahrt: Inntal-Autobahn zur Ausfahrt „Sellrain“ und nach Sellrain. Auf einem Fahrweg zum Bergheim (erst nach Ende der Rodelsaison). Vom Parkplatz „Eisbrücke“ (stets möglich), 1 Std. zum Bergheim (1445 m). Bus (Linie 4166) nur bis Sellrain.

Aufstieg

Vom Bergheim auf der Forststraße Richtung Potsdamer Hütte zur Wegtafel „Schafleger“. Nach links und ziemlich steil durch Wald und über Schneisen zur Waldgrenze. Wenig später erreicht man die Furggesalm (1938 m). Nun über herrliches Skigelände zu einer Einsattelung zwischen Angerbergkopf und Schafleger

Kartenstudium auf dem Gipfel. Im Hintergrund die Kalkkögel

Der Schafleger wäre eine makellose Skitour, wenn es den Waldgürtel im unteren Teil nicht gäbe. Man kann ihn allerdings vermeiden (Aufstieg ½ Std. länger, Abfahrt langweiliger).

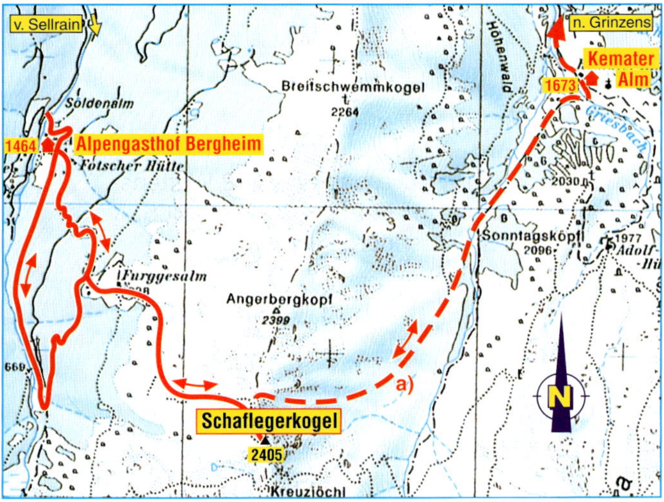

(Stangenmarkierungen). Nach rechts in wenigen Minuten zum Gipfel.

Abfahrt
Wie Aufstieg. Oder (auch bei geringer Schneelage empfehlenswert): Unterhalb der Furggesalm nach links und auf einer Forststraße abfahren. Sie mündet in den Fahrweg zur Potsdamer Hütte, auf dem man zum Bergheim abfährt.

Variante
a) Schafleger (2405 m) von der Kemater Alm (1673 m) 2¼ Std. Kaum lawinengefährdet. Ab 8 Jahren. Befahrbarkeit des Fahrweges beim Tourismusverband Grinzens erkunden! Sehr schön bei Firn!

März – April

Geierspitze, 2857 m

Rundfahrt mit mehreren Höhepunkten

Aufstieg: 2¾ Std.
Höhenunterschied: ↑ 850, ↓ 1500 m
Kindereignung: ab 10 Jahren
Hangrichtung: ↑ Nordost, Nord, ↓ West, Nordwest, Südwest
Lawinengefährdung: mitunter lawinengefährdet
Talort: Wattens, 567 m
Auskünfte: Tourismusverband A-6112 Wattens-Wattenberg, Tel. +43/5224/52904, Fax 52306; E-Mail: wattens-wattenberg@netway.at
Landkarte: AV-Karte 31/5 (Innsbruck Umgebung, mit Skirouten)
Ausgangspunkt: Lager Walchen, 1410 m bzw. Lizumer Hütte, ÖAV (2019 m)
Anfahrt: Inntal-Autobahn nach Wattens. Auch Busverbindung. Bergstraße zum Lager Walchen (Truppenübungsplatz). Für die Überschreitung bereits ab Wattens Taxi Troppmair (Tel. +43/5224/52691) benützen.

Die Überschreitung aus dem Wattental ins Navistal wird selten befahren, obwohl sie landschaftlich großartig ist und hohe skiläuferische Ansprüche befriedigt. Grund ist die umständliche Rückkehr nach Wattens. Beste Lösung für Innsbrucker: Bus nach Wattens, mit Taxi zur Lizumer Hütte. – Auch für Kinder ein großartiges Erlebnis, wenn sie der Tour konditionell und skiläuferisch gewachsen sind.

Aufstieg

Von der Lizumer Hütte talein zu einer Wegtafel (2040 m). Über einen gut gegliederten Nordosthang zum Gipfel. Eindrucksvoller Nahblick zum Olperer!

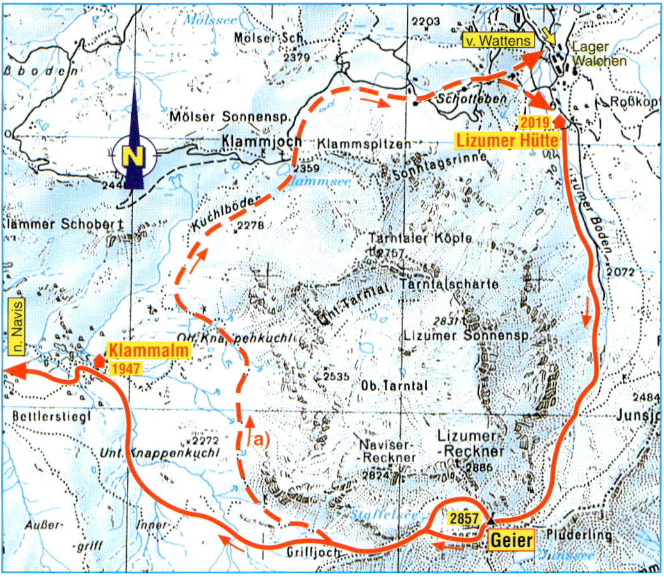

Abfahrt

Etwa 20 Höhenmeter Richtung Süd, dann nach rechts einbiegen. Über einen prachtvollen Westhang zum Staffelsee. Wenig später kommt man zum Griffjoch, „Schlüsselstelle“ der Abfahrt. Nach starken Schneefällen u. U. Lawinengefahr, bei Hartschnee Abrutschgefahr! Kinder ev. kurz sichern. Nun gibt es keine Schwierigkeiten mehr. Prachtvolle Westhänge wechseln mit sanften Mulden. Wir halten uns stets etwas rechts (Richtung Nordwest) und erreichen die Untere Knappenkuchl.

Nach der Überquerung des Bachtälchens fahren wir über einen breiten Rücken zur Klammalm (1947 m) ab. Über eine Brücke ans rechte Ufer des Klammbaches. Nun auf einem Almweg, kurzzeitig mit leichter Gegensteigung, dann über freie Hänge wieder zum Klammbach hinunter, dem man bis zu einer Brücke folgt. Über die Brücke und neben der Fahrstraße hinaus nach Navis (1340 m). Rückkehr mit dem Bus (Linie 8365) zum Bahnhof Matrei, mit der Bahn nach Innsbruck.

Herrlicher Pulverschnee bei der Abfahrt in die Knappenkuchl

Variante

a) Über das Klammjoch (2359 m) zurück zur Lizumer Hütte.

Anmerkung

Das vielfältige Tourengebiet der Lizumer Hütte lohnt einen längeren Aufenthalt (90 Schlafplätze, bewirtschaftet Weihnachten bis Ende April, Tel. +43/5224/52111).

Mai – Juni

Der Mai ist die ideale Zeit für Hochtouren in der Gletscherregion. Sonnseitig kann man an schönen Tagen bis in den Gipfelbereich mit Firn rechnen. Hat es in der Nacht durchgefroren und fährt man rechtzeitig ab, ist die Lawinengefährdung gering. Gab es dagegen eine warme Nacht, ist das Skifahren kein Vergnügen (Einbrechen in den oberen Teilen, Schneesumpf in den unteren Teilen der Abfahrt) und es kann auch gefährlich werden. Vor Nassschneelawinen ist man auch nach der Abkühlung am späten Nachmittag nicht sicher („Abendlawinen").

Was bei der Abfahrt „rechtzeitig" ist, richtet sich nach den Wetterbedingungen. Der Spruch, wonach man um 12 Uhr im Talgasthof beim Bier sitzen sollte, kann täuschen. 12 Uhr kann viel zu spät sein!

Bei längeren Abfahrten im späten Frühjahr ergibt sich zwangsläufig ein Problem. Man wird nie die ganze Abfahrt in einem ausgezeichneten Zustand vorfinden, wie das bei Hochwintertouren möglich ist. Entweder ist es am Beginn der Abfahrt noch hart und der spätere Teil ist ideal (vorzuziehen!) oder es sind die Gipfelhänge im „Butterfirn" zu befahren, und ab der Mitte der Abfahrt wird es ungemütlich tief.

Unsere Tourenvorschläge kommen ohne Hüttennächtigungen aus. Hütten sind im Mai und Juni meist geschlossen, Winterräume unbequem. Mitunter müssen die Ski nun bis zum Schnee getragen werden. Eine leichte Ausrüstung ist in diesem Falle wichtig. Insbesondere bei Skiern, Bindung und Tourenschuhen lässt sich Gewicht einsparen.

Dennoch: Mai und Juni sind eine großartige Zeit, die ursprüngliches Bergerleben ermöglicht. Viele Bergfreunde wenden sich bereits dem Bergradeln, dem Klettern oder dem Surfen zu. Für die Sommerbergsteiger liegt aber noch zu viel Schnee. Das verschafft den Skibergsteigern eine „Zwischenzeit“, in der man Gipfel, die in der „normalen“ Tourensaison überlaufen sind, in großer Einsamkeit genießen kann.

Das Gehen „bis zum Schnee“ mit aufgeschnallten Skiern kann man oft mit Vorteil bis zum Gipfel ausdehnen. Wer durchschnittliche Zeiten gewohnt war, wird sich über seine Rekorde wundern, wenn er steile Flanken in der Falllinie (wenn nötig: mit Steigeisen) durchsteigt.

Ein Hinweis für die Abfahrt: Geringfügige Drehungen des Hanges beeinflussen den Grad der Auffirnung. Am Beginn der Abfahrt wählt man daher nach Möglichkeit mehr ostseitig, später mehr westseitig gedrehte Hangteile. Ideal sind Abfahrten, die von vornherein im Gipfelbereich sonnseitig, im Talbereich schattseitig ausgerichtet sind.

Skitour im Juni: Auf Schneebändern kommt man oft noch ganz gut durch.

Mai – Juni

Die Mute, 2398 m

Heißer Tipp für erste Skitourenversuche

Aufstieg: 1½ Std.
Höhenunterschied: ↑↓ 450 m
Kindereignung: ab 6 Jahren
Hangrichtung: Nordwest, Nord
Lawinengefährdung: kaum lawinengefährdet
Talort: Kühtai, 2017 m
Auskünfte: Tourismusverband A-6183 Kühtai, Tel. +43/5239/5222, Fax 5255; E-Mail: info@kuehtai.co.at
Landkarte: AV-Karte 31/2 (Stubaier Alpen, Sellrain, mit Skirouten)
Ausgangspunkt: Talstation Sessellift „Drei Seen", 1950 m
Anfahrt: Inntal-Autobahn zur Ausfahrt „Sellrain". Durch das Sellraintal nach Kühtai und zum Drei-Seen-Sessellift. Oder: Bus (Linie 4166) zur Haltestelle „Kühtai-Jagdschloss".

Aufstieg

Etwas rechts der ehemaligen Piste aufsteigen. Erst nach den felsdurchsetzten Abbrüchen nach links einbiegen und durch ein Tälchen. Spät im Jahr auf den letzten Metern über Blockwerk zum Gipfelkreuz. Wir haben auch schon Vierjährige mitgenommen. Da wurden die Skier der Kinder auf die Rucksäcke der

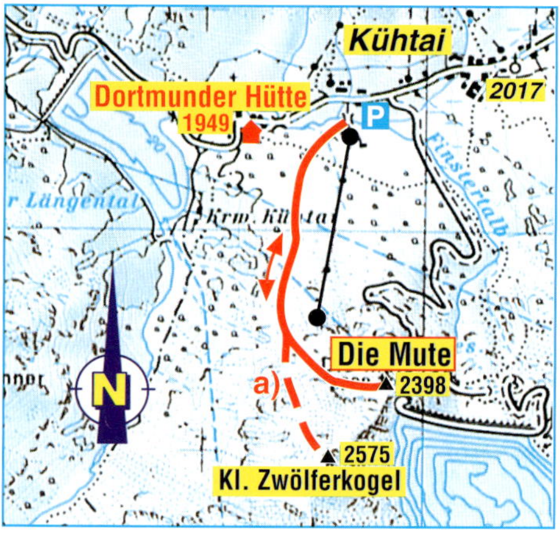

Wer jetzt noch im Kühtai Ski fahren will, muss die eigenen Beine bemühen. Das motiviert Kinder, zumal man am Nachmittag beim Radfahren davon erzählen kann. Pluspunkte für unseren Mini-Gipfel: im letzten Teil etwas alpin, richtiges Gipfelkreuz, toller Abblick zu den Stauseen – und eine zünftige Gipfeljause.

Erwachsenen geschnallt und die Winzlinge übernahmen sie erst für die Abfahrt. Zu Fuß und mit zwei Skistöcken war der Aufstieg wesentlich leichter.

Abfahrt: wie Aufstieg.

Variante

● a) Kleiner Zwölferkogel (2575 m, „Wintergipfel"). 2 Std. Häufig lawinengefährdet.

Mute (Mitte links) und Kleiner Zwölferkogel – späte Mini-Skitouren im Kühtai

Mai – Juni

Gaiskogel, 2820 m

Anspruchsvolle Skitour zum Ausklang der Saison

Aufstieg: 3 Std.
Höhenunterschied: ↑↓ 850 m
Kindereignung: nein
Hangrichtung: Nordwest, West
Lawinengefährdung: mitunter lawinengefährdet
Talort: Kühtai, 2017 m
Auskünfte: Tourismusverband A-6183 Kühtai, Tel. +43/5239/5222, Fax 5255; E-Mail: info@kuehtai.co.at
Landkarte: AV-Karte 31/2 (Stubaier Alpen, Sellrain, mit Skirouten)
Ausgangspunkt: östlich der Sesselbahn „Hochalter" (2010 m)
Anfahrt: Inntal-Autobahn zur Ausfahrt „Sellrain". Durch das Sellraintal Richtung Kühtai. Nach dem ersten Schlepplift (links) parken. Oder: Bus (Linie 4166).

Aufstieg

Durch eine Schneerinne über den Wiesberg zur Bergstation des Schlepplifts. In die Mulde einqueren, in die die Plenderlesseen eingelagert sind. Durch die Mulde mit geringem Höhengewinn bis zum Beginn des Steilhangs, der

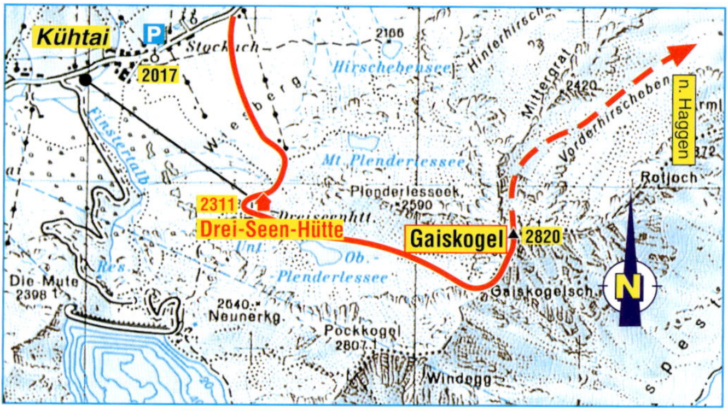

Die Pisten der beiden Schlepplifte sind oft schon aper. Bei geschickter Wahl der Rinnen, die zur Passstraße herunterziehen, kann man meist noch im Juni bis zum geparkten Auto abfahren. Die Tour ist bei Einheimischen beliebt. An schönen Wochenenden und bei günstigen Voraussetzungen (kalte Nacht) ist man keineswegs allein unterwegs. Für Kinder ist die Tour nur geeignet, wenn sie sehr sicher und kontrolliert Ski fahren können. Wenn der steile Westhang zur Gaiskogelscharte nicht auffirnt, könnte ein Sturz zumindest zu bösen Abschürfungen führen. Der Blockgrat von der Scharte zum Gipfel ist harmlos und für Kinder lustig. Mit dieser Tour ist es oft verflixt: Ist man früh dran, ist der Steilhang unter der Scharte bockhart (und nicht ungefährlich), dafür erwischt man den Wiesberg unten im Butterfirn; ist man spät dran, ist der Steilhang angenehm, dafür bricht man weiter unten ein.

von der Gaiskogelscharte (2658 m) herabzieht. Über diesen Hang, eventuell zu Fuß mit aufgeschnallten Skiern, in die Scharte. Mit Skiern noch kurz über den Südrücken, dann zu Fuß über unschwierige Blöcke zum Gipfelkreuz.

Abfahrt: wie Aufstieg.

Anmerkung

Bei guten Schneeverhältnissen kann man bereits früher im Jahr zum Gaiskogel aufsteigen. Die Sesselbahn „Drei Seen“ verkürzt den Aufstieg um 1 Stunde. Tolle Abfahrt: Durch die Hirscheben nach Haggen (schwierig, häufig lawinengefährdet).

Am Beginn des Aufstiegs. Nebel im Sellraintal. Darüber der Rietzer Grieskogel

Mai – Juni

Hochalter, 2678 m

Steiler Aufstieg und großartige Abfahrten

Aufstieg: 2 Std.
Höhenunterschied: ↑ 700, ↓ 850 m
Kindereignung: nein
Hangrichtung: ↑ Südost, Süd, ↓ Nordost, Südost
Lawinengefährdung: mitunter lawinengefährdet
Talort: Kühtai, 2017 m
Auskünfte: Tourismusverband A-6183 Kühtai, Tel. +43/5239/5222, Fax 5255; E-Mail: info@kuehtai.co.at
Landkarte: AV-Karte 31/2 (Stubaier Alpen, Sellrain, mit Skirouten)
Ausgangspunkt: Parkplatz Sesselbahn „Hochalter“, 2010 m
Anfahrt: Inntal-Autobahn zur Ausfahrt „Sellrain". Durch das Sellraintal nach Kühtai. Oder: Bus (Linie 4166).

Der Hochalter ist noch im Mai ein wunderschönes Skiziel, vor allem als Rundfahrt mit Abfahrt zur Klammbrücke. Schwierig ist der Gipfelhang, der bis zu 40° steil ist. Er erfordert eine ausgezeichnete Fell- und Skitechnik. Kinder (10 Jahre oder älter) dürfen nur mitgenommen werden, wenn sie diese Voraussetzungen erfüllen!

Aufstieg

Östlich der Sesselbahn zum Schwemmseele (2408 m) im Hochalterkar. Weiterhin östlich der Bahn zum steilen Gipfelhang. Über ihn erreicht man einen kleinen Sattel. Bei günstigen Verhältnissen mit Ski (fast) bis zum Gipfel, sonst vom Sattel zu Fuß in wenigen Minuten.

◁ *In der Gaiskogelscharte (Tour 32)*

Abfahrt
Vom Skidepot Richtung Nordost in ein windgeschütztes Kar. Anfangs sehr steil, nach einer Verflachung neuerlich steil, in den Talboden des Klammbaches. Im Mai ist es meist günstiger, den Bach zu überqueren und auf der linken Talseite (Südwesthänge) abzufahren. Man erreicht die Talstraße und kehrt mit Autostopp oder zu Fuß (40 Min.) zum Ausgangspunkt zurück.

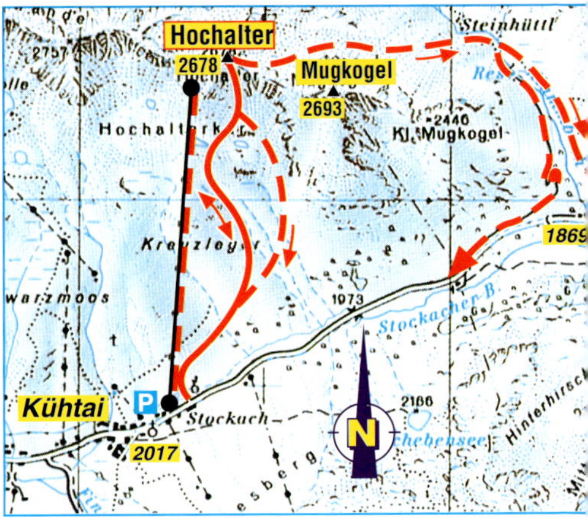

Eindrucksvolle Kulisse der Kalkkögel beim Aufstieg zum Gamskogel ▷

Auf dem Hochalter mit Blick zum Mugkogel

Mai – Juni

Gamskogel, 2659 m

Abfahrt nach Wunsch: leicht bis schwierig

Aufstieg: 3½ Std.
Höhenunterschied: ↑↓ 1000 m
Kindereignung: ab 10 Jahren
Hangrichtung: Nordwest
Lawinengefährdung: mitunter lawinengefährdet
Talort: Grinzens, 928 m
Auskünfte: Tourismusverband A-6094 Grinzens, Tel. +43/5234/68387, FAX 67930
E-Mail: info@innsbruck.tvb.co.at
Landkarte: AV-Karte 31/5 (Innsbruck Umgebung, mit Skirouten)
Ausgangspunkt: Kemater Alm, 1673 m. Ganzjährig bewirtschafteter Alpengasthof
Anfahrt: Inntal-Autobahn zur Ausfahrt „Sellraintal“ und nach Grinzens. Bergstraße durch das Senderstal, meist ab Mai befahrbar (geringe Maut in der Kemater Alm).

Der Gamskogel hat viele Gesichter. Gemütlich und landschaftlich eindrucksvoll ist der Aufstieg am Fuße der Kalkkögel, der „Nordtiroler Dolomiten“. Dann erwarten uns nicht weniger als drei Abfahrten, von ● (Anstiegsweg) über ● (durch das Senderstal) bis ● (Nordwestflanke). Jedem das Seine!

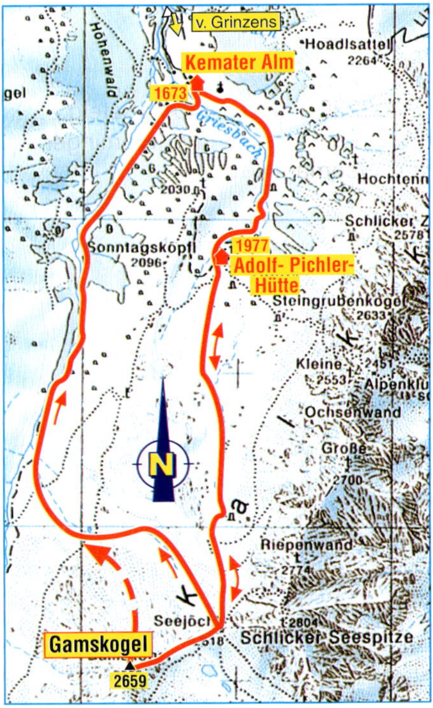

Aufstieg

Auf dem Sommerweg talein. Über eine kurze Steilstufe zur Adolf-Pichler-Hütte (1977 m, Sommerbewirtschaftung). Unterhalb der Felstürme der Kalkkögel Richtung Süd zum Seejöchl (2518 m). Unseren Gamskogel erreichen wir problemlos von Osten über einen Gratrücken.

Abfahrt

● Über den Rücken zurück ins Seejöchl. Richtung Nordwest in wechselnder Steilheit durch herrliche Mulden in den Talboden. Am rechten Ufer des Baches zurück zur Kemater Alm. Oder: ● Rückkehr auf dem Anstiegsweg. Oder: ● Abfahrt vom Gipfel über die teilweise sehr steile Nordwestflanke in den Talboden, am rechten Ufer zurück zur Kemater Alm.

Mai – Juni

Grünsteinscharte, 2272 m

Firngenuss in den Miemingern

Aufstieg: 2 Std.
Höhenunterschied: ↑↓ 750 m
Kindereignung: ab 8 Jahren
Hangrichtung: Südwest
Lawinengefährdung: mitunter lawinengefährdet
Talort: Obsteig, 1000 m
Auskünfte: Tourismusverband A-6416 Obsteig, Tel. +43/5264/8106, Fax 8230; E-Mail: info@obsteig.at
Landkarte: AV-Karte 4/2 (Wetterstein- und Mieminger Gebirge, mittleres Blatt, Wegmarkierung)
Ausgangspunkt: Gasthof „Arzkasten“, 1151 m bzw. Lehnberghaus, 1554 m
Anfahrt: Auf der Inntal-Autobahn zur Ausfahrt „Mötz“. Weiter nach Obsteig auf dem Mieminger Plateau. 1 km Richtung Holzleitensattel, dann rechts abzweigen. Schmale Fahrstraße zum Gasthof „Arzkasten“. Unterhalb großer Parkplatz (gebührenpflichtig). Die Auffahrt zum Lehnberghaus ist für den Verkehr gesperrt. Den Transport übernimmt Taxi Förg in Silz (Tel. +43/5263/1718) mit einem Kleinbus. Oder: Anfrage beim Hüttenwirt (Tel. +43/676/5344791). Zu Fuß 1¼ Std.

Aufstieg

Vom Lehnberghaus auf einem Weg Richtung Süd zum Talschluss. Wie bei einer Straßenkreuzung liegen nun die drei

Für viele Innsbrucker gehört es zur Tradition, im Mai eine Firntour in der Mieminger Gruppe zu unternehmen – zum Stöttltörl, auf den Höllkopf oder zur Grünsteinscharte. Konditionsstarke Tourengeher verbinden die drei Ziele in der sinnvollen Reihenfolge Hölltörl (Ostmulde), Grünsteinscharte (Südmulde) und Stöttltörl (Westhang).

Ziele vor uns: Nach links geht es zum Hölltörl, nach rechts zum Stöttltörl und schnurgerade zur Grünsteinscharte. Der Aufstieg zur Scharte führt steil durch die Höllreise. Kinder sollte man bei Hartschnee, wie er am frühen Morgen zu erwarten ist, mit Harscheisen ausstatten. In der Scharte öffnet sich plötzlich der Blick nach Norden, zusätzlich zur herrlichen Sicht zum Alpenhauptkamm!

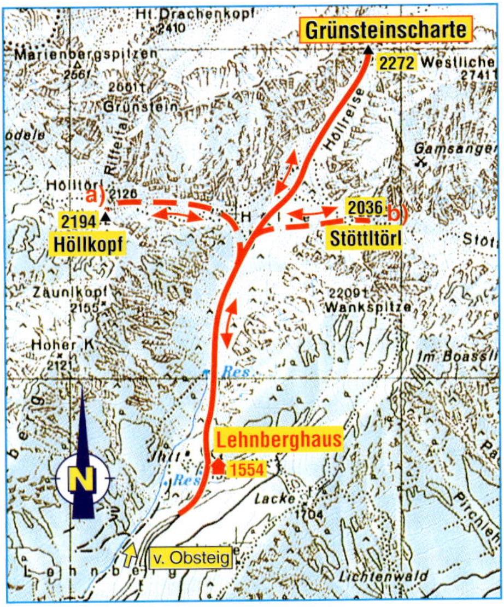

Abfahrt

Wie Aufstieg. Wenn man sich in der Mulde rechts hält, ist es stärker aufgefirnt, sodass man bis zu einem gewissen Maße den gewünschten Grad der Auffirnung bestimmen kann.

Variante

- a) Höllkopf (2194 m) aus dem Hölltörl. 1¾ Std. Mitunter lawinengefährdet. Wegen der Ostlage der Mulde sollte man früh unterwegs sein. Ab 8 Jahren.
- b) Stöttltörl (2036 m). 1½ Std. Mitunter lawinengefährdet. Westlage, daher späterer Aufbruch möglich.

Schattiger Aufstieg zur Grünsteinscharte am frühen Morgen ▷

Juli?

Ja, auch der Juli, ein richtiger Sommermonat, eignet sich für den Tourenskilauf. Zwangsläufig gibt es Einschränkungen. Eine Ausnahme sind auch Gipfel mit Zustiegen, die durch endlos lange Täler führen und (bei später Rückkehr von der Tour) noch im Frühjahr lawinengefährdet sein können. Da kann man mitunter die Ski und sich selbst mit dem Fahrrad z. B. zum Karwendelhaus bewegen, im Winterraum nächtigen und alpin anspruchsvolle Gipfel wie die Birkkarspitze (2749 m) oder die Östliche Karwendelspitze (2538 m) besteigen. Solche Unternehmungen sind jedoch nur mehr mit Vorbehalt als „Skitouren" zu bezeichnen.

Viele Hütten öffnen im Juli bereits für die Sommerbergsteiger. In diesem Monat muss man die Ski zwar bis zur Hütte, dann aber oft nur ein kurzes Stück bis zum Schnee tragen. Mit Fellen oder den Skiern auf dem Rucksack geht es auf einen gestandenen Dreitausender. Man genießt zusätzlich zu den oft erstaunlich guten und beständigen Schneeverhältnissen („Sommerfirn") die angeblich reinste Freude: die Schadenfreude, dass man locker die Hänge hinunterwedelt, die unsere Kollegen vom Sommerbergsteigen in mühsamer Stapferei bewältigen.

Dem Stil unseres Buches (Tagestouren, nicht über 1000 Höhenmeter) entsprechend können wir aber auch Seilbahnen nützen. In unserem Gebiet – rund um Innsbruck – handelt es sich um die Stubaier Gletscherbahn, die ganzjährig in Betrieb ist. Sommerbetrieb ab 8 Uhr.

Wir beschreiben lediglich den Aufstieg zum beliebtesten Gipfel, zugleich dem höchsten der Stubaier Alpen: zum Zuckerhütl. Daneben gibt es eine Reihe weiterer Möglichkeiten – kurze Anstiege mit Rückkehr zur Mittelstation der Gondelbahn, z. B. auf den Hinteren Daunkogel; lange und alpine Unternehmungen, bei denen man zuletzt mit aufgeschnallten Skiern ins Tal absteigt, z. B. den Wilden Freiger nach der Überschreitung des Wilden Pfaff.

Lawinenschnee mit Unterbrechungen am Ende einer Skitour im Juli

Juli

Zuckerhütl, 3507 m

Auf den höchsten Gipfel der Stubaier Alpen

Aufstieg: 3 Std.
Höhenunterschied: ↑ 800, ↓1600 m
Kindereignung: ab 10 Jahren
Hangrichtung: ↑ Südwest, Ost, ↓ Nordwest, Nord
Lawinengefährdung: mitunter lawinengefährdet
Talort: Neustift im Stubaital, 993 m
Auskünfte: Tourismusverband A-6167 Neustift im Stubaital, Tel. +43/5226/2228, Fax 2529;
E-Mail: tv.neustift@neustift.netwing.at
Landkarte: AV-Karte 31/1 (Stubaier Alpen, Hochstubai, mit Skirouten)
Ausgangspunkt: Talstation der Stubaier Gletscherbahn, 1748 m
Anfahrt: Brenner-Autobahn zur Ausfahrt „Stubaital". Weiter zur Talstation der Gletscherbahn. Preisgünstige „Tourenkarte". Oder: Bus (Linie 38360).

Die Rundfahrt nimmt mehr Zeit in Anspruch, als man auf Grund der wenigen Höhenmeter meint. Daher unbedingt erste Gondel benützen! Der Gipfelanstieg ist steil und ausgesetzt, bei günstigen Verhältnissen nicht schwierig. Bei Vereisung Pickel und Steigeisen erforderlich. Alpine Erfahrung und Gletscherausrüstung notwendig. Spaltengefahr beachten! Kinder müssen angeseilt und gesichert werden.

Aufstieg

Mit der rechten Gondelbahn („Gamsgarten II“) und der Sechser-Sesselbahn ins „Eisjoch“ (3128 m). Abfahrt über den Gaiskarferner, an der Talstation des Schlepplifts vorbei in eine Mulde unterhalb der Talstation (etwa 2800 m). Anfellen. Durch eine weite Mulde steigt man zum Pfaffenferner auf. Über eine Steilstufe (Spaltenbruch) und ein fla-

Zuckerhütl von der Abfahrt vom Wilden Pfaff zum Sulzenauferner

ches Gletscherbecken zum Pfaffenjoch (3213 m). Unter der Nordflanke des Zuckerhütls quert man zum Pfaffensattel. Über den Ostrücken zunächst mit Fellen, bald aber zu Fuß und gehörig steil zum Gipfelkreuz.

Abfahrt

Auf dem Anstiegsweg zurück zum Pfaffenjoch. Am linken

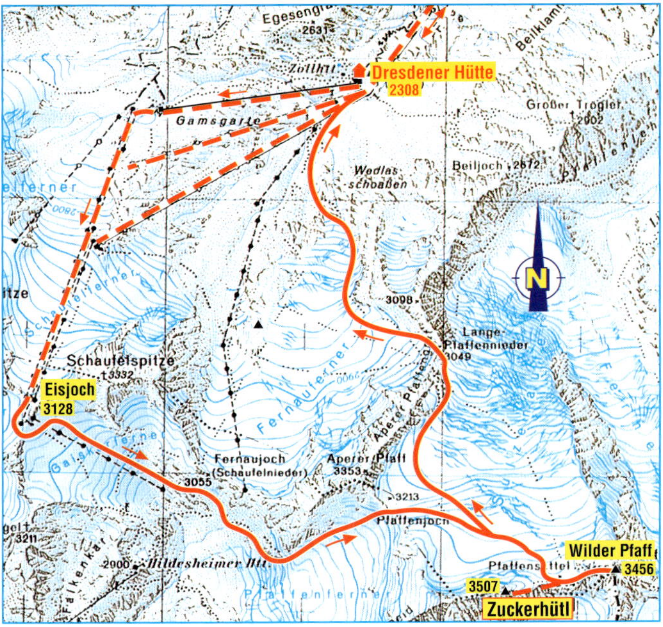

Ufer des Sulzenauferners bis unter die Lange Pfaffennieder abfahren. Mit aufgeschnallten Skiern über unschwierige Blöcke zu dieser Scharte (3049 m) aufsteigen. Kurzer Abstieg zum Fernauferner. Am östlichen Rand des Gletschers, dann etwas links haltend, zur Mittelstation Fernau (etwas unterhalb der Dresdener Hütte). Hier endet im Juli normalerweise die Abfahrt. Mit Gespür kann man nach einem schneereichen Winter oft noch über Rinnen, die mit Lawinenschnee gefüllt sind, bis in den Talboden kommen. Warnung: Der Sulzenauferner ist keineswegs harmlos. Insbesondere bei Neuschnee oder schlechter Sicht anseilen! Route einhalten!

Variante

● a) Wilder Pfaff (3456 m). Wird meist zusätzlich zum Zuckerhütl bestiegen. ½ Std. vom Pfaffensattel.

Hindernisloses Idealgelände oberhalb der Waldgrenze (Tour 29) ▷

Ortsregister

K

L

M

N

O

P, Q

R

Die hier vorgestellten Touren wurden von den Autoren zum Teil mit Kindern begangen. Alle Angaben in diesem Führer wurden sorgfältig recherchiert und erfolgen nach bestem Wissen. Für die Richtigkeit der Angaben kann jedoch keine Haftung übernommen werden.

Mitglied der Verlagsgruppe „engagement“
Die Deutsche Bibliothek – CIP-Einheitsaufnahme

Ein Titelsatz für diese Publikation ist bei
der Deutschen Bibliothek erhältlich

2001

Umschlaggestaltung: Tyrolia-Verlag, Innsbruck
Layout: Tyrolia-Verlag, Innsbruck
Alle Fotos stammen von Siegrun und Rudolf Weiss
Kartenskizzen nach ÖK des Bundesamtes für Eich- und Vermessungswesen in Wien, durch Kartographischen Verlag Walter Mayr, Innsbruck, nach Vorlagen von Siegrun Weiss
Rückseitige Panoramakarte: © Kartographischer Verlag Walter Mayr, Innsbruck
Lithographie: Athesia-Laserpoint, Innsbruck
Druck und Bindung: Tiskarna Ljubljana, Slovenien
ISBN 3-7022-2404-1